Die Tyrannei der Fresskette

ad libri

Seitdem der Finanz-Tsunami von Downtown Manhattan um die Welt gerast ist, die Märkte durcheinander geschüttelt, ganze Länder an den Rand des Bankrotts und Währungen ins Schlingern gebracht sowie hunderte von Banken und Unternehmen vom Markt gefegt hat, kann es keine Frage mehr sein: Das marktwirtschaftliche Wirtschafts- und Finanzsystem des Westens steckt in einem epochalen Umbruch.

Die Frage ist nur, ob dieser Umbruch noch in zivil-friedfertiger Anpassung geschehen kann, oder ob er seinen Weg revolutionär über eine unbeherrschbare Katastrophe nehmen muss. Die Autoren dieser Abhandlung nehmen die Komplexität und Totalität der gegenwärtigen Welt-Systemkrise in den Blick und prophezeien mit schlüssigen Argumenten das Letztere – in der erkennbaren Hoffnung, eine solche Katastrophe möge bei Beherzigen der von ihnen vorgeschlagenen Maßnahmen zur Krisenprävention doch noch verhindert werden können.

Bernd Rebe, Studium der Rechtswissenschaften, Volkswirtschaftslehre und Geschichte, Habilitation mit dem Thema Privatrecht und Wirtschaftsordnung. lehrte Zivil- und Wirtschaftsrecht an der Universität Hannover sowie bis zu seiner Emeritierung Medien- und Staatsrecht an der Technischen Universität Braunschweig, deren Präsident er 1983 bis 1999 war. Von ihm liegen zahlreiche Veröffentlichungen zu juristischen, politischen, wirtschaftlichen und kulturgeschichtlichen Themen vor.

Peter Braun, Studium der Chemie, promovierte an der TU Dresden zum Thema hydroökologische Modelle. In Zusammenarbeit mit dem Institut für Theoretische Physik III der Universität Gießen veröffentlichte er zur stochastischen Hydrologie, insbesondere zur Anwendung fraktaler Verteilungen.

Bernd Rebe / Peter Braun

Die Tyrannei der Fresskette

Wie das Weltfinanzsystem die Fähigkeit zur Selbstzerstörung hervorgebracht hat und weiter hervorbringen kann

adlibri Verlag

FSC
www.fsc.org
MIX
Papier aus verantwortungsvollen Quellen
Paper from responsible sources
FSC® C105338

Erstausgabe, Juni 2010

www.adlibri.de
Redaktion: Rainer E. Kirsten
Umschlaggestaltung: Wibcke H. Klett
Satz: adlibri VerlagsService
Herstellung: BoD, Norderstedt
Printed in Germany 2010
ISBN 978-3-89927-028-0

Regeln ohne Freiheit ist Zwang,
Freiheit ohne Regeln ist – Tyrannei.

Frei nach *Blaise Pascal*

„Was den Dilettantismus anlangt, so muss man sich klarmachen, dass allen menschlichen Betätigungen nur so lange eine wirkliche Lebenskraft innewohnt, als sie von Dilettanten ausgeübt werden. Nur der Dilettant, der mit Recht auch Liebhaber, Amateur genannt wird, hat eine wirklich menschliche Beziehung zu seinen Gegenständen, nur beim Dilettanten decken sich Mensch und Beruf; und darum strömt bei ihm der ganze Mensch in seine Tätigkeit und sättigt sie mit seinem ganzen Wesen, während umgekehrt allen Dingen, die berufsmäßig betrieben werden, etwas im übeln Sinne Dilettantisches anhaftet: irgendeine Einseitigkeit, Beschränktheit, Subjektivität, ein zu enger Gesichtswinkel. Der Fachmann steht immer zu sehr in seinem Berufskreise, er ist daher fast nie in der Lage, eine wirkliche Revolution hervorzurufen: er kennt die Tradition zu genau und hat daher, ob er will oder nicht, zu viel Respekt vor ihr. Auch weiß er zu viel Einzelheiten, um die Dinge noch einfach genug sehen zu können, und gerade damit fehlt ihm die erste Bedingung fruchtbaren Denkens. Die ganze Geschichte der Wissenschaften ist daher ein fortlaufendes Beispiel für den Wert des Dilettantismus. …

Der Mut, über Zusammenhänge zu reden, die man nicht vollständig kennt, über Tatsachen zu berichten, die man nicht genau beobachtet hat, Vorgänge zu schildern, über die man nichts ganz Zuverlässiges wissen kann, kurz: Dinge zu sagen, von denen sich höchstens beweisen lässt, dass sie falsch sind, dieser Mut ist die Voraussetzung aller Produktivität. …“

Egon Friedell, Kulturgeschichte der Neuzeit, Einleitung

Inhalt

Einleitung: Von der doppelten Symbolik des Krisen-Urknalls

Die Welt-Systemkrise hat als Ausgangspunkt ein bestimmtes Ereignis und ein bestimmtes Datum, nämlich den Zusammenbruch der amerikanischen Investmentbank *Lehman Brothers* am 15. September 2008. Dieser Tag war der Urknall der Krise, von dem aus der Krisenkosmos sich unaufhaltsam ausbreitete – vom Welt-Kapitalmarkt über die Realgüterwirtschaft, die Arbeitsmärkte, die öffentlichen Haushalte und die Sozialversicherungssysteme bis hin zur Erschütterung der Grundfesten des Vertrauens in die Richtigkeit unseres gesamten Wirtschaftssystems und der gerechtigkeitsorientierten Legitimität unserer demokratischen Institutionen und ihrer Entscheidungsfindung.

Mit dem Zusammenbruch von *Lehman Brothers* war nicht „nur" irgendeine Bank zusammen gebrochen (allein in den USA sollten infolge der Krise weitere hundert Banken ihre Tore schließen) – von heute auf morgen war ein Finanzimperium mit etwa 25 Tausend Mitarbeitern, einer eigenen Luftflotte, weltweiten Filialen und der Einstandspflicht für hunderte von Milliarden Dollar vom Markt verschwunden. Zudem hatte es eine Großbank getroffen, die als Inbegriff des dynamischen, erfolgreichen und vertrauenswürdigen Banken-Business weltweit galt – eine Bank, die noch eine Woche vor ihrem endgültigen Aus von einer Rating-Agentur ein erstklassiges Bonitäts-Rating erhalten hatte.

Entsprechend tief saß der Schock, und als man aus diesem Schock erwachte, war jedem klar, der sich einen Rest von Wirklichkeitssinn bewahrt hatte, dass man nun in einer anderen Welt lebte: einer Welt, in der die vermeintlich unvorstellbare Katastrophe Wirklichkeit geworden war. Aus dieser neuen Welt war das Vertraute verschwunden – zunächst im Wirtschaftsleben, dann aber auch in fast allen anderen damit zusammenhängenden sozialen Interaktionsfeldern, denn diese waren mit in den Strudel der Krise gerissen worden.

Das Ende von *Lehman Brothers* war für jeden, der mit Bedacht im großen Buch der Geschichte zu lesen vermag, ein doppeltes Menetekel: Zum einen symbolisierte dieses Ende das Scheitern eines Unternehmerverhaltens, das sich hemmungslos am eigenen Gewinn orientiert, und zum zweiten war es ein Symbol für die Fähigkeit eines Systems der ungebundenen Kapitalverwertung, sich selbst zerstören zu können.

Das ist die Hauptlehre aus dem Ursprung der gegenwärtigen Krise: Während die Todespiloten vom 11. September 2001 die gekaperten Maschinen wie fliegende Bomben gegen die Twin-Towers als Symbole des ihnen verhassten Kapitalismus lenkten, während also dieser Angriff *von außen* auf Einrichtungen des amerikanisch-westlichen Wirtschaftssystems erfolgte, liegt die nachdenkenswerte Eigenart des Zusammenbruchs von *Lehman Brothers* – sieben Jahre und vier Tage später – darin, dass er *ein Akt der Selbstzerstörung* war, ein Akt, der als tragisches Symbol für die Fähigkeit zur Selbstzerstörung des gegenwärtigen Systems der Finanzwirtschaft insgesamt genommen werden kann.

Denn dieses System konnte ja nur mit massiven staatlichen Hilfsinterventionen (die bei *Lehman* unterblieben waren) noch einmal gerettet werden: „*Nine-eleven*" war eine zerstörerischer Akt *gegen ein Symbol* des amerikanisch-westlichen Systems der Finanzwirtschaft; der *Lehman*-Zusammenbruch war ein selbstzerstörerischer symbolischer Akt *in diesem System.*

Wie ist diese Fähigkeit zur Selbstzerstörung mit ihren ungeheuren Auswirkungen zu erklären und zu begreifen und – vor allem – wie kann eine Wiederholung eines solchen Zusammenbruchs verhindert werden? Der Beantwortung dieser Fragen ist unsere Abhandlung gewidmet.

1.
Warum dieser Traktat notwendig wurde: Das Wagnis einer ganzheitlichen Analyse

Die gegenwärtige weltweite Krise, die ja *ihren Ursprung* in monströsen Verwerfungen des Welt-Kapitalmarkts hat, wird ganz im Banne der Immanenz ökonomischer Denkweisen fast ausschließlich *als Wirtschafts- und Finanzkrise* begriffen. Deshalb schielt man zur Beurteilung des Krisenstandes auf die pulsierenden Börsendaten, auf die Entwicklung der Auftragseingänge und der Investitionstätigkeit, befragt das Orakel des Geschäftsklima-Indexes und verfolgt mit bangen Hoffnungen die (ja nur scheinbar präzisen!) Aussagen der Verlaufskurven und Diagramme anderer *wirtschaftlicher* Indikatoren.

Dieser *ökonomische Tunnelblick* führt zu fatalen Sichtverengungen:

- *Zum einen* hindert er daran, *die Universalität und Komplexität der Krise* zu begreifen. Diese hat ja in ihren zerstörerischen Folgen längst die (noch verbliebene) Solidität der öffentlichen Haushalte und die Leistungsfähigkeit anderer Vorsorgesysteme, insbesondere der Sozialversicherungssysteme, untergraben und – wie schon erwähnt – begonnen, in ihren wellenförmigen Ausbreitungen tragende Grundlagen unseres demokratischen Systems und das Vertrauen in seine Ausrichtung auf Gerechtigkeit zu ruinieren;
- *zum zweiten* wird durch die verengte Sicht auf ökonomische Zusammenhänge ausgeblendet, welch ungeheuerliche Ausmaße *der Realitätsverlusts* im (vermeintlich ach so rationalen!) Kern finanzwirtschaftlichen Entscheidungsverhaltens entwickelt hat (mehr hierzu im Kapitel 8), und
- *zum dritten* wird das *eigentliche* Bedrohungspotential dieser Krise übersehen, nämlich als einer Autoimmunerkrankung „des Systems“ an sich – mit ständiger Gefahr einer Wiederholung (hierzu mehr in den Kapiteln 3, 4 und 10), und
- *zum vierten* führt der ökonomische Tunnelblick zu Fehleinschätzungen über den jeweiligen aktuellen Stand der Krise und darüber, welche Maßnahmen zu ihrer Überwindung zu ergreifen sind.

Man könnte sagen: Die Wirtschaft ist eine zu wichtige Sache, um sie den Ökonomen zu überlassen, oder, mit Till Briegleb formuliert: *„...neben seinen ganzen anderen Fehlern ist das Spezialistentum eine Kultur, in der sich die Selbstüberschätzung extrem schnell und rapide vermehrt, um dann in dilettantische Fehler und Entscheidungen umzuschlagen“*.[1]

So war als eine der (kurzfristig) problematischen Folgen des *ökonomischen Tunnelblicks* der in den Medien ausgebrochene Wettstreit darum anzusehen, wer denn wohl als erster „das Ende der Krise“ erkannt hatte: Zeitungen und Zeitschriften wetteiferten nun in der zweiten Hälfte des Jahres 2009 mit Meldungen zum (vermeintlichen) „Licht am Ende des Tunnels“, und zwar allein aus dem Grund, weil der deutsche Export oder die Auftragseingänge im verarbeitenden Gewerbe wieder etwas zugenommen hatten (beides jedoch auf einen krisenbedingten Tiefststand bezogen!).

Eine solche Sichtweise bedeutet aber, dass leichte Aufhellungen *in einem (Kern-)Segment der Krise* als Anzeichen der Überwindung der Krise *insgesamt* genommen werden. Mag hinter solchen Beiträgen (neben der werbewirksamen Instrumentalisierung des Sensationellen solcher Meldungen) auch der durchaus begrüßenswerte Wunsch stehen, ermutigend zu wirken und verbreiteter Resignation entgegen zu wirken, so zeigen sie doch den hochproblematischen Charakter dieser reduzierten Wirklichkeitssicht: Der eigentliche komplexe und multiple Charakter der Krise wird ausgeblendet und damit die Gefahr, dass sie auch auf außerökonomischen Feldern fortwirkend zerstörerische Kräfte freisetzt – und vor allem, dass sie sich jederzeit wiederholen kann.

Die Krise wird vielmehr *als eine Art qualifizierter Konjunkturkrise gesehen, deren Überwindung dann nach altbewährtem Muster an der Erholung einschlägiger wirtschaftlicher Indikatoren festgemacht werden kann.* Die entscheidende Botschaft dieser wirtschaftlichen Indikatoren liegt aber nicht darin, dass sie zum einen Teil Hoffnung wecken, zum anderen Teil eine Vertiefung der Krise signalisieren könnten – dass man sie also je nach der Richtung der Hoffnungserwartungen in die eine oder die andere Richtung hochrechnen kann – *sie liegt vielmehr in ihrer irritierenden Widersprüchlichkeit selbst.*

Dies aber ist eine alte Lehre: Wenn ein Phänomen durch eine solche irritierende Widersprüchlichkeit gekennzeichnet ist, dann ist etwas nicht in Ordnung!

Unserem Traktat liegt die Einsicht in die wesentliche Natur der Krise zugrunde: in ihre hochgradige Komplexität und in ihre nahezu universelle, fast alle Dimensionen auch des sozialen Lebens und des politischen Entscheidungsverhaltens erfassende destruktive Wirkung. Wir betrachten die wirtschaftlichen Erscheinungsformen der Krise – sowohl auf dem internationalen Kapitalmarkt wie auf den Märkten der Realgüterwirtschaft und auf dem Arbeitsmarkt – zwar als ihre zentralen Problemzonen, thematisieren aber auch ihre Auswirkungen auf die sozialen und politischen Verhältnisse, in die sie eingebettet und mit denen sie komplementär verkoppelt ist:

Anstelle der Reduktionen und Ausblendungen infolge eines *ökonomischen Tunnelblicks* in der Betrachtung und Analyse wagen wir eine *systemkritische Aufblendung* unserer Sichtweisen auf die Gesamtheit des zu analysierenden Krisengeschehens.

Die Hauptschwierigkeit eines solchen „holistischen" Verfahrens besteht darin, theoretisch fundierte und methodisch legitimierte Ebenen der Abstraktion zu identifizieren, auf denen relevante, wirklichkeitsgerechte Aussagen gemacht werden können. Um nicht Opfer methodischer Einseitigkeit zu werden, lassen wir drei Analysemethoden gegeneinander laufen. Anders ausgedrückt: Wir überprüfen unsere Ergebnisse und versuchen, diese zu validieren und zu vertiefen, indem wir ergänzend zu einer realanalytischen Analyse ein *kreislauftheoretisches* und ein *systemtheoretisches Verfahren* anwenden.[2]

Dabei ist der *kreislauftheoretische Ansatz* noch wirtschaftsspezifisch orientiert, indem er die Störungen der verschiedenen wirtschaftsrelevanten Wertkreisläufe (Kapitalkreislauf, Wirtschaftskreislauf, Haushaltskreisläufe und Kreisläufe der sozialen Vorsorgesysteme) in ihren krisenauslösenden bzw. krisenverstärkenden Wirkungen analysiert, der *systemtheoretische Ansatz wird hingegen* als ein prinzipiell *die Gesetzmäßigkeiten aller Systeme* beschreibendes Verfahren dann auf die Analyse der Krise des wirtschaftlichen Kernbereichs der (Welt-)Systemkrise angewendet.

Wir begreifen das krisenbefallene System als ein nichtlineares, dynamisches System, dessen Krisenhaftigkeit wir mit systemtheoretischen Erkenntnissen und Methoden zu durchdringen versuchen – ein Analyseverfahren, das zu erstaunlichen Erkenntnissen im Hinblick auf die Zusammenhänge und Ursachen im Hinblick auf das Entstehen, die Ausbreitung und die Wiederholungsgefahr der Krise führt.[3] Schließlich begreifen wir diese Welt-Systemkrise als eine *katastrophengeprägte Evolutionskrise*, die in dieser Dimension geradezu etwas „Normales“ an sich hat, ist doch die Evolution (auch in der Natur) nichts anderes als eine Abfolge von Katastrophen.

Es wäre zwar verfrüht, wegen der weit reichenden zerstörerischen Wirkungen dieser Krise den Weltuntergang auszurufen, aber: Wenn wir nicht *die systemimmanente Gefahr einer Wiederholung dieser Krise* erkennen, wenn wir uns nicht hartnäckig einem schwierigen Lernprozess stellen, könnte eine solch Wiederholung mit vielleicht noch größerer Destruktionskraft auf Staaten treffen, die dann in ihrer Abwehrfähigkeit massiv geschwächt wären.

Während diesmal die Staaten unter Aufbietung aller Finanzkräfte noch abwehrfähig waren, könnten sie bei einer Wiederholung der Krise – medizinisch gesprochen – *in loco minoris resistentiae,* also im Status massiv geminderter finanzieller Handlungsfähigkeit, nicht mehr die erforderliche Kraft aufbringen, diese zu bewältigen.[4] Insofern ist die Einschätzung des SPD-Kanzlerkandidaten 2009 und Fraktionsvorsitzenden der SPD-Fraktion im Bundestag, *Frank-Walter Steinmeier,* auf dem *Führungstreffen Wirtschaft* der *„Süddeutschen Zeitung“* im *Hotel Adlon* in Berlin am 20. November 2009 zutreffend, beim Platzen einer zweiten Spekulationsblase könne auch die Politik nicht mehr helfen, vielmehr würde dann die gesamte Demokratie in Gefahr geraten: *„Wir haben keinen zweiten Schuss mehr.“*

Allerdings hatte Steinmeier diese Einschätzung im Kontext der Verharmlosung der gegenwärtigen Krise als einer *„Krise im System“* geäußert, aus der erst im Wiederholungsfall eine *„Krise des Systems“* werde – in Wahrheit handelt es sich jedoch schon bei dieser gegenwärtigen Krise um eine Krise *des Systems,* und zwar um eine formidable, wie wir im Folgenden darlegen werden.

Dabei haben sich die Autoren dieses Warntraktats an die inspirierende Aufgabe gewagt, diesen Text vor dem ihnen bewussten Hintergrund höchst unterschiedlicher Erfahrungen ihrer Sozialisation und ebenso unterschiedlicher Kompetenzfelder in ihren Berufen und wissenschaftlichen Arbeitsschwerpunkten gemeinsam zu erstellen: Während der eine systemtheoretisch geschulter Naturwissenschaftler mit langjährigen Erfahrungen bei der Anwendung der *„fraktalen Mathematik“ Benoit Mandelbrots,* insbesondere in der Hydrologie, ist[5], ist der andere Zivil- und Wirtschaftsrechtler mit langjährigen Erfahrungen in der interdisziplinären Zusammenarbeit an verschiedenen Universitäten. Dabei hat gerade diese Unterschiedlichkeit in ihren Fächerorientierungen für die Autoren in wechselseitiger Erkenntnisneugier eine produktive Zusammenarbeit ermöglicht.

2. Die „Finanzkrise“ als multiple Welt-Systemkrise

2.1 Von der Komplexität der Krisensyndrome

In Anbetracht der vielen ständig ausgerufenen Krisen hat das Wort „Krise“ an Aussage- und Signalwert verloren, ist mehr zu kleiner Münze im unablässigen globalen Nachrichtenrauschen über Ungeheuerlichkeiten aller Art degeneriert. Deshalb kann eine Rückbesinnung auf die ursprüngliche griechische Bedeutung des Wortes hilfreich sein, wonach mit „Krise“ *„Entscheidung, entscheidende Wendung“* im Sinne von *„Entscheidungssituation, Wende- und Höhepunkt einer gefährlichen Entwicklung“* gemeint war. Dieser eigentliche Sinngehalt des Begriffs ist das Entscheidende seines Charakters, und zwar in einem doppelten Sinn: einmal zur Charakterisierung der krisenhaften Situation, die aus sich heraus entweder zur Überwindung einer gefährlichen Entwicklung oder zur zerstörerischen Realisierung der Gefahr führt, zum anderen als Aufruf (an wen auch immer) zur krisensteuernden Entscheidung in einer Krisensituation.

Wir folgen dieser alten Einsicht, indem wir gleich zu Anfang den eigentlichen Charakter dieser Krise ins Bewusstsein heben: Es handelt sich nicht um *eine* Krise, sondern um eine zu Tal stürzende *Krisenkaskade*, oder – was der Dimension des inkommensurablen Krisensyndroms noch angemessener ist – um einen *Krisenkosmos,* der, vom Urknall der Kapitalmarktexplosion ausgelöst, die Realgüterwirtschaft erfasst, die Arbeitsmärkte unterminiert, die Haushaltswirtschaften von Bund, Ländern und Gemeinden einschließlich der Leistungsfähigkeit aller sozialen Vorsorgesysteme ruiniert – und der in einer Sturmflut noch gar nicht absehbarer Sekundär- und Tertiärfolgen weitere Zerstörungen anrichtet.

Erinnert sei nur an den Zusammenbruch großer Bankhäuser, an die Insolvenzen einer Reihe international angesehener und einer unübersehbaren Zahl weniger bekannter Unternehmen. Und: Notiert werden muss auch die Zunahme an Fluchten in Krankheit und Selbsttötungen infolge des individuell von der Krise betroffenen Leitungspersonals und Unternehmern, ganz zu schweigen von zahllosen anonymen Schicksalen des Niedergangs infolge Arbeitsplatzverlust, Verlust von mühsam zusammengesparten Altersrücklagen, Überschuldung und Perspektivlosigkeit. Hieraus ist als weitere und vielleicht sogar schlimmste Krisenfolge eine *allgemeine Atmosphäre der Unsicherheit und des mangelnden Vertrauens in die „Richtigkeit" unseres Wirtschafts- und Gesellschaftssystems entstanden*, die bis zu den unübersehbaren Menetekeln von Demokratiemüdigkeit reicht, wie abnehmende Wahlbeteiligungen und Vertrauensschwund gegenüber politischen Amts- und Mandatsträgern zeigen. Nimmt man noch hinzu, dass selbst kulturelle Aktivitäten von den Auswirkungen der Krise betroffen sind (etwa durch den Wegfall von Sponsoren aus der Wirtschaft), und dass weltweit die Überschuldung der öffentlichen Haushalte infolge der politischen Entscheidungen im Rahmen einer Krisenbewältigung in astronomische Höhen getrieben worden ist (und in den nächsten Haushaltsjahren noch massiv weiter anwachsen wird[6]), kommt man nicht an der Einsicht vorbei, dass wir mit einem umfassenden Krisenszenario konfrontiert sind, bei dem die wirtschaftliche Komponente zwar eine zentrale Rolle spielt, das aber keinesfalls hierauf beschränkt ist.

Deshalb kann auch aus einer Besserung der konjunkturellen Lage – so hilfreich sie wäre – nicht auf eine Überwindung der Krise in allen ihren Auswirkungen geschlossen werden; wir müssen uns vielmehr der Einsicht stellen, *dass die Komplexität der Krisensyndrome als Erscheinungsform eines epochalen Umbruchs zu verstehen ist*, mit dem umzugehen uns auch nach einer Verbesserung der weltwirtschaftlichen Lage aufgegeben sein wird. Und wir müssen (nach der Verstaatlichung von Banken und Großunternehmen und der krisenpräventiven Regelung von Kapitalmarktaktivitäten) davon ausgehen, dass sich eine neue Weltwirtschaftsordnung herausbildet, die sehr stark durch gemeinwirtschaftlich-staatskapitalistische Elemente gekennzeichnet sein wird:

Pointiert formuliert: Der vermeintlich endgültige Triumph des kapitalistischen Systems mit dem Zusammenbruch des „real existierenden Sozialismus" war nur ein Pyrrhussieg über die erste Fehlform staatskapitalistischer Wirtschaftsweise in der Neuzeit; durch die Hintertür der Krise kehrt sie in einer Notform als Organisation der Krisenbewältigung zurück.

Der umfassende Charakter der Krise kommt auch in der gewandelten Renaissance eines Begriffs zum Ausdruck, der in ihrem Zusammenhang immer wieder gebraucht wird, nämlich dem des *Systems.*

Während *„das System“* in geschichtlich belegten Zusammenhängen, insbesondere zur Zeit der Weimarer Republik, in negativer Konnotation zur Herabwürdigung der etablierten demokratischen Herrschaftsform gebraucht wurde, ist nun *„das System“* zu einer zu erhaltenden *positiven* Größe avanciert (eine Bedeutungsverschiebung übrigens, welche die überkommene Unterscheidung von staatlicher Organisationsform einerseits und gesellschaftlich-„freier“ Wirtschaftstätigkeit andererseits gegenstandslos werden lässt, da beide unter einer überformenden Größe, eben dem *„System“*, zusammengeführt sind).

Nirgends ist die reale Bedeutung dieser Begrifflichkeit so manifest wie im Zusammenhang mit dem Prädikat *Systemrelevanz,* dem Hauptkriterium für das Erteilen (oder Verweigern) staatlicher Hilfsleistungen in Milliardenhöhe: Ein ad hoc genutzter, von niemandem zu definierender Begriff mit völlig unbestimmtem Inhalt entscheidet letztlich – nach seiner jeweils opportunen Interpretation als wohlfeile Begründungsvokabel durch den (oder die) jeweiligen Entscheidungsträger – über das wirtschaftliche Überleben einer Bank oder eines Unternehmens.

Immerhin: Diese Großkrise ist auch eine ungeheure Herausforderung unseres Analysevermögens und unserer Fähigkeit, diese Krisenkomplexität zu bewältigen. Im Grunde dürfte es zur Zeit für keinen über den engeren Kreis seiner persönlichen Belange Hinausdenkenden eine dringendere Aufgabe geben, als sich dieser Herausforderung zu stellen.

Dabei gilt es zu berücksichtigen:

Jede neue geschichtliche Situation trifft auf hierfür Unvorbereitete: Auch die Welt-Systemkrise stellt uns vor Erkenntnis- und Entscheidungsprobleme, die in dieser speziellen Ausformung unvorgänglich sind (so sehr auch gewisse Grundzüge der wirtschaftlichen Dimension dieser Krise an die „Große Depression“ ab 1929 oder an die vergessene Finanzkrise des Jahres 1763 erinnern, in der Banken in Hamburg und Amsterdam sich im Boom während des Siebenjährigen Krieges mit Anlagen in Preußen verspekulierten und mehr als hundert Geldhäuser untergingen[7]).

Aber das Reflektieren der Lehren von damals (und man könnte sicher noch eine ganze Reihe in gewissen Parallelen vergleichbarer Krisen zitieren) ist nur eine *notwendige* Voraussetzung zur Bewältigung der gegenwärtigen Krise, aber keine *hinreichende*, weil eben diese Krise in ihrem Entstehen, ihren Erscheinungsformen und Folgen doch wieder anders ist als frühere Krisen. Und der gegenwärtige Zustand der Weltwirtschaft, insbesondere der Verfassung des Kapitalmarkts, in der die Krise entstanden ist und sich ausgebreitet hat, ist eben ein anderer als zu den Zeiten früherer Krisen. Deshalb stehen wir vor der *Herausforderung einer umfassenden Lern-, Analyse- und Reflektionsaufgabe*, in deren Erfüllung die Lehren (verwertbarer) historischer Parallelsituationen, neue Einsichten, neue theoretische Konzeptionen und sonstige wissenschaftliche Erkenntnisse einfließen müssen.

Damit aber zurück zur zentralen Aussage dieses Abschnitts: Die Welt-Systemkrise ist eine *multiple und universale Krise. Multipel* bedeutet hierbei, dass sie nicht auf ökonomische Zusammenhänge begrenzt ist, sondern nahezu alle Sektoren des gesellschaftlich-politischen Lebens mit ihren destruktiven Veränderungsfolgen erfasst; *universal* ist die Krise, weil kein Land von ihrer Betroffenheit ausgenommen ist. Hieraus folgt zum einen, dass selbst eine konjunkturelle Erholung der Wirtschaft noch lange nicht mit einer Überwindung der Krise insgesamt gleichzusetzen ist und dass zum anderen weltweit abgestimmtes Verhalten zu ihrer Abfederung und zur Vermeidung ihrer Wiederholung erforderlich ist (wie es denn etwa bei der G20-Konferenz von Pittsburg auch ansatzweise versucht worden ist).

Eine eigentliche „Überwindung der Krise" in dem Sinne, dass mit dem Wiederanspringen des Konjunkturmotors die Krise *und (alle) ihre Folgen* wieder aus der Welt wären, ist sowieso nicht mehr möglich, da durch die Krise bereits irreparable Langzeitschäden ausgelöst worden sind, die auch bei (bis zum nächsten Konjunkturtal) wieder florierender Wirtschaft weiter ihre negativen Effekte haben werden. Dies wird deutlich durch die Unterscheidung von qualitativer und quantitativer Krisenbetroffenheit, die im folgenden Abschnitt behandelt wird.

2.2 Die Unterscheidung von qualitativer und quantitativer Krisenbetroffenheit

Wir hatten im ersten Kapitel unsere Überlegungen zur Welt-Systemkrise im Gegensatz zur gängigen Reduzierung auf den *„ökonomischen Tunnelblick"* in die Weite einer aufgeblendeten Sichtweise gestellt, die die Totalität des Krisengeschehens in den Blick nimmt, also zwischen *dem finanzwirtschaftlichen Ursprungsbereich der Krise* und *den in ihrem Gefolge krisenüberfluteten Wirklichkeitswelten* unterscheidet: Wie schon ausgeführt, ist fast keine Dimension unseres wirtschaftlichen, gesellschaftlichen, politischen und auch geistig-kulturellen Lebens hiervon ausgenommen. Allerdings sind die Folgen für die verschiedenen, von der Krise betroffenen Interaktionsfelder unterschiedlich intensiv und auch in ihrer zeitlichen Auswirkung auf diese (zum Glück!) verschieden. Man kann bei der fast unübersehbaren Vielfalt der (im weitesten Sinne) sozialen Interaktionsfelder, die von der Krise betroffen sind, nach der grundsätzlich unterschiedlichen Art ihrer Krisenbetroffenheit zwei Gruppen unterscheiden, nämlich die *qualitativ* betroffenen und die *quantitativ* betroffenen:

Unter qualitativ betroffenen sozialen Interaktionsfeldern verstehen wir solche,
- die – *erstens* – für das Funktionieren des krisenbefallenen Gesamtsystems von bestimmender Bedeutung sind;
- die – *zweitens* – durch die Krise grundlegend verändert worden sind, und
- die – *drittens* – auch nach einer (nicht auszuschließenden) Behebung der ökonomischen Ursachen und Erscheinungsformen der Krise *nicht* in ihre frühere Wirkungsidentität zurückkehren können, also irreversibel verändert sind (und weiter verändert werden).

  Hierzu zählen etwa das Bankensystem und die nun in fast allen krisenbetroffenen Ländern unheilbar zerrütteten Staatsfinanzen.

Quantitativ betroffene soziale Interaktionsfelder sind dagegen solche,
- die – *erstens* – durch die Krise nur in ihrer Aktionsintensität, nicht aber in ihren grundlegenden Funktionsgesetzlichkeiten verändert worden sind, die also insbesondere infolge der krisenbedingten Reduktion von Aktivitätsanreizen oder Mittelzuflüssen nicht in gleichem Umfang wie vor der Krise tätig und wirksam sein können, und
- die – *zweitens* – nach einer Behebung der ökonomischen Ursachen und Erscheinungsformen der Krise auch ihre frühere Wirkungsidentität zurückgewinnen können.

  Als Beispiele für *quantitativ* krisenbetroffene soziale Aktionsfelder können wir die konjunkturabhängige Realgüterwirtschaft in toto nehmen, aber auch durch die Krise mehr annexweise betroffene Aktionsfelder, wie etwa kulturelle Präsentationen, die nach dem Rückgang des Sponsoring durch Wirtschaftsunternehmen reduziert werden mussten, aber nach dem Wiederaufleben dieser Unterstützung wieder in früherem Umfang durchgeführt werden könnten.

Die Unterscheidung von qualitativen und quantitativen krisenbetroffenen Aktionsfeldern schärft das Bewusstsein für die sehr unterschiedlichen Folgen der Krisen und korrespondiert mit unserer grundlegenden Kritik, die Krise als eine mehr oder weniger rein ökonomische Krise zu betrachten: Während nämlich *(nur) quantitativ betroffene Aktionsfelder* mit einer gewissen Restitutionshoffnung für den Fall der wirtschaftlichen Wiederbelebung beurteilt werden können, muss bei den *qualitativ betroffenen Aktionsfeldern* davon ausgegangen werden, dass sie auch bei einer (schwer vorstellbaren) nachhaltigen wirtschaftlichen Erholung nicht wieder in alter Wirkungsidentität aufleben, sondern mit einem krisenbedingten Dauerschaden (oder jedenfalls: einer krisenbedingten Dauerveränderung) fortbestehen werden. Dies muss besonders allen Analysten ins Stammbuch geschrieben werden, die diese Krise nur als eine Art qualifizierter Konjunkturkrise betrachten und mit jeder Verbesserung konjunktureller Daten die „Überwindung der Krise" ausrufen – mit der unausgesprochenen Implikation, dass damit zugleich auch deren negative Folgen aus der Welt geschafft seien.

3.
Welt-Systemkrise – die Autoimmunerkrankung des globalen Finanzwirtschaftssystems

Das eigentliche Skandalon der Welt-Systemkrise, in dem auch ihr eigentlicher Bedrohungsgehalt liegt, besteht darin, dass diese Krise der Wirtschaft und der Politik nicht *von außen* aufgezwungen worden ist, sondern dass sie ihren Ursprung *im Kernbereich des marktwirtschaftlichen Kapitalverwertungssystems* selbst hat: im Gehege der Agenten des Kapitaltransfers, insbesondere der Banken, aber auch der Fonds und anderer Kapitalbeweger. Diese Krise kann deshalb, medizinisch ausgedrückt, *als eine Autoimmunerkrankung des „Systemkörpers" verstanden werden:* Die Krankheit ist dem System nicht von außen aufgenötigt worden, sondern ist aus seinem innersten Kernbereich – in autodestruktivem Fehllauf eigentlich positiv-schützender Funktionen – entstanden.

Der Kapitalmarkt hat ja als Hauptfunktion die Aufgabe, die Realgüterwirtschaft mit dem nachgefragten Kapital zu versorgen und die Kapitalströme – als Kapitalsammel- und Kapitalvermittlungsinstanz – zu optimaler Verwertung zu lenken. Der Kapitalmarkt hat also – in Ergänzung und zur Gewährleistung der Funktionsfähigkeit des Realgütermarktes, der öffentlichen Haushalte, bei der Sicherung der sozialen Vorsorgesysteme und der Versorgung sonstiger Kapitalnachfrager – eine komplementär-dienende und schützende Rolle wahrzunehmen (insofern ist er mit dem Immunsystem in einem Körper vergleichbar). Anstatt jedoch diese positiven Funktionen des Kapitalmarkts zu erfüllen, haben die fehlgeleiteten Aktivitäten seiner Kapital-Dispositeure (um es erst einmal neutral-freundlich auszudrücken) eine Zerstörungskraft für die eigentlich zu stützende und zu schützende (Realgüter-)Wirtschaft entwickelt.

Handelt es sich aber um eine Autoimmunerkrankung des Systems, folgt hieraus sofort die Frage, welchen Funktionsgesetzlichkeiten das System unterliegt und aus welchen Gründen sie (entgegen ihrer eigentlichen Funktionsbestimmung, nämlich der *Erhaltung des Systems)* destruktive Wirkungen entfaltet haben, die ohne kompensatorischen politischen Eingriff zur *Zerstörung des Systems* geführt hätten: Das Verständnis der Krise setzt also das Verständnis des Systems und des systemspezifischen Fehlverhaltens voraus, oder – anders ausgedrückt – das System hat eine hoch gefährliche Anfälligkeit gezeigt, die in Fehlkonstruktionen seiner Funktionselemente, seiner Funktionsweise und/oder der Sicherungselemente seiner Funktionen begründet sind.

Wir müssen also in den Grundlinien die Entstehung und die Ursachen der Krise nachzeichnen.

Bleiben wir bei dem im ersten Kapitel gebrauchten Bild des explodierenden Krisenkosmos, so ist nach der Auslösung des Urknalls zu fragen – einer Frage, die in der Kosmogonie übrigens noch unbeantwortet ist. Anders als dort gab es am Beginn der Welt-Systemkrise *zwei* Ereignisse, die in gegenseitiger Verstärkung die globale Wucht und Unausweichlichkeit ihrer Zerstörungswirkung entfalten konnten, nämlich die *subprime crisis* und die *junkbond crisis.*

Allerdings sind weder die *krisenauslösenden* noch die *krisenverstärkenden* Verhaltensweisen der verantwortlichen Akteure einmalig oder erst kurzfristig aufgetaucht, *vielmehr sind sie die krisenhaft zutage getretenen Manifestationen längerfristiger Fehlorientierungen:*

– Da ist zum ersten *die langfristige Gewohnheit des exzessiven privaten und öffentlichen Schuldenmachens.*

  Nun ist „Schuldenmachen" nicht *per se* etwas Verdammenswertes, Schlimmes oder Destruktives. Vielmehr gehören darlehensvermittelte Investitionen von Erzeugern und darlehensfinanzierter Konsum von Endverbrauchern zu einer marktwirtschaftlichen Ordnung wie die Bewässerung zur Landwirtschaft oder die Sauerstoffzufuhr zur Lebensfähigkeit eines Organismus. Dass erspartes und aus Gewinnen angesammeltes Kapital Zins bringend angelegt werden kann, ist vielmehr eines der Motive, Gewinne zu erarbeiten und Sparleistungen zu erbringen. Und wir können – in einem summarischen Vorgriff auf eines der Hauptprobleme bei der Überwindung der Krise – feststellen, dass der Vorwurf gegenüber den Banken berechtigt ist, die ihnen von den Zentralbanken zur Verfügung gestellten Mittel und die hierfür drastisch gesenkten Darlehenszinssätze nur zurückhaltend an ihre Kunden weitergegeben zu haben: Auch hier wird die wirtschaftliche Notwendigkeit der Gewährung und Inanspruchnahme von Darlehen unterstrichen.

  Es darf auch nicht vergessen werden, dass der Wirtschaftsboom der Neunzigerjahre in den USA (und auch, wegen der Impulswirkung der amerikanischen Wirtschaftsleistung für die Wirtschaftspartner Amerikas, in aller Welt) maßgeblich darlehensfinanziert war: Ohne darlehensfinanzierte Investitions- und Nachfragestimulierung hätte es diesen Boom nicht gegeben! „Schulden“ zu machen ist aber auch bei normaler, nicht überhitzter Wirtschaftsentwicklung im Grundsatz ein systemkonformes, finanzrationales Verhalten; destruktive Wirkungen entfaltet es erst dann, wenn es in unkontrollierter Exzessivität geschieht, d. h. wenn vor allem der Schuldner mehr an Fremdkapital in Anspruch nimmt, als er verzinsen und amortisieren kann. Genau das ist aber in den letzten Jahrzehnten geschehen, und zwar sowohl durch Private wie durch Staaten. Hierbei ist *das exzessive Schuldenmachen der Staaten* das eigentliche Problem, weil es unübersehbare langfristige Schäden verursacht und diese durch produktiv-systemkonforme Maßnahmen nicht mehr zu kompensieren sind.[8]

- Zum zweiten war es *zu einer folgenreichen Wirklichkeitsentkoppelung* in den Vorstellungen der Akteure am Kapitalmarkt und der von ihnen (zur Erlangung immer größerer Profite) generierten Transaktionspakete und -verfahren gekommen.[9] Damit hatten die Kapitalmarktakteure die ohnehin schon vorhandene Komplexität der eigentlichen Kapitalmarktvorgänge in einer Weise gesteigert, dass sie wie Zauberlehrlinge nicht mehr begreifen konnten, was sie da angerichtet hatten.
- Gleichzeitig kam es zu einem *finanzmarktspezifischen Czernobyl-Effekt*: Alle (vorhandenen) Kontrollinstanzen versagten, und zwar auf allen Ebenen. Weder haben die Aufsichtsräte der einzelnen Banken (die ja ohnehin zu Abnickgremien für Vorstandsaktivitäten degeneriert sind) ihre Kontrollaufgaben wahrgenommen, noch konnten die nationalen Kontrollinstanzen ihren Kontrollaufgaben gerecht werden. Und die übernationalen Einrichtungen scheiterten schon an der Uneinigkeit der beteiligten Staaten über das Ausmaß der angezeigten Kontrolle. Hier erwies sich das dogmatisierte Bild von der Freiheit des Finanzmarkts, wie es insbesondere die Bush-Administration vertrat, als eine besonders folgenreiche Facette der Wirklichkeitsentkoppelung.
- Schließlich hatte der schon lange zu beobachtende *Verlust regulierender Moralprinzipien* zusammen mit der *Missachtung erfahrungsgespeister Übernahme von Verantwortung* auch die äußersten Haltegurte rationalen Wirtschaftens zum Bersten gebracht.

Gerade in einer Situation der Unübersichtlichkeit sind Vorsicht, Zurückhaltung und abwägendes Vorantasten unter Berücksich-

tigung jahrzehntelanger eigener Erfahrungen und durch das Studium der Wirtschaftsgeschichte erworbener Einsichten früherer Akteure und Analysten von krisenhaften Entwicklungen angezeigt. Stattdessen hat man das Gegenteil gemacht: Im Interesse des eigenen Profits hat man alle Vorsicht fahren lassen und ist in manchen Bereichen einer verheerenden Zockermentalität erlegen.
– Der *Prozess der Aufschaukelung der Krise* zu einem weltweiten Phänomen war nur möglich durch *die enge weltweite Verflechtung* nicht nur der Kapitalmärkte untereinander, sondern der Kapitalmärkte mit den Märkten der Realgüterwirtschaft, mit den staatlichen Haushalten und mit den Versorgungssystemen, national und international, wie in unserem Kreislaufsystem dargestellt. Hier ist ein Komplexitätsgefüge entstanden, das schon in der Diagnose kaum noch durchschaubar ist, geschweige denn von einzelnen Akteuren noch „beherrscht" werden kann. Im Grunde gibt es nur noch Getriebene, und zwar sowohl in der Wirtschaft wie in der Politik.

Die Komplexität der Gründe ihrer Entstehung und die Aufschaukelung der Krisen im weltweiten Geflecht wirtschaftlicher Abhängigkeiten eröffnet schließlich den beunruhigenden Horizont, dass *die Folgen von Krisen unabsehbar werden.* Diese Folgen zeigen sich schon jetzt in der *Neustrukturierung nicht nur der Kapitalmärkte, sondern auch ihrer Akteure selbst* – das Bankensystem wird vollständig umgekrempelt:

– Ganze Bankentypen, wie die 1929 im Zuge der Weltwirtschaftskrise entstandenen amerikanischen Investmentbanken, sind schon verschwunden, andere Banken gehen bankrott, werden aufgekauft, zerschlagen oder teilverstaatlicht;
– das Verhältnis der öffentlichen Hände zu den privaten Banken hat sich radikal geändert. Die eigentliche Privatbank verschwindet, die Staaten sind in ein Verhältnis politisch-faktischer Gewährträgerschaft für die „privaten" Banken eingetreten, die sie mit hunderten von Milliarden Dollar, Euros und anderer Währungen stützen müssen.

Waren die Banken schon bisher durch Quellensteuernormen, Geldwäschegesetz und andere staatliche Inpflichtnahmen *in ihren Aufgabenstellungen* zu *parastaatlichen Hilfsagenturen* geworden, so werden sie durch die staatlichen Befugnisse zur Einwirkung (im Rahmen des *Finanzmarktstabilisierungsgesetzes* und der hierzu beschlossenen Ausführungsverordnungen) auch *in ihrer Eigentümerstruktur und sogar in ihrer eigentlichen Geschäftspolitik* unter staatliche Kuratel gestellt. – ob for good or for evil bleibt nach den Erfahrungen mit den Fehlleistungen der staatlich dominierten KfW abzuwarten.[10]

4.
Der eigentliche Bedrohungsgehalt der Welt-Systemkrise

In engem Zusammenhang mit dem Charakter der Welt-Systemkrise als einer *Autoimmunerkrankung* des globalen politisch-finanzwirtschaftlichen Gesamtsystems steht eine Dimension der Krise, die in ihrer Tragweite bisher überhaupt noch nicht erkannt wurde. Sie ergibt sich aus folgenden Überlegungen:

Nach Jahrhunderten fürchterlicher Kriege haben die Staaten der Nordhalbkugel unserer Welt zu vertraglich und institutionell (EU und NATO) abgesichertem friedlichem Umgang miteinander gefunden, auf nationaler Ebene freiheitlich-demokratische Verfassungen installiert und ein in der Geschichte in dieser Breite noch nie da gewesenes Wohlstandsniveau entwickelt, das durch die vielfältigen gesetzlichen Sicherungen der sozialen Markwirtschaft im Prinzip gesichert und gefestigt ist.

Bei allen Veränderungs- und Entwicklungsnotwendigkeiten und Umstrittenheiten im einzelnen: Auf allen Ebenen herrscht eine Rechtsverfasstheit, die zerstörerischem Fehlverhalten mit großer Breitenwirkung vorbeugt und die Möglichkeit gerichtlicher Sanktionen nach Recht und Gesetz eröffnet. Und selbst dem *politischen Handeln* sind mit der Verfassung, der Verfassungsgerichtsbarkeit, durch die Wachsamkeit der Medien und durch demokratische Kontrolle wirksame Schranken gesetzt, die abstrusen Missbrauch von (ohnehin sehr eingeschränkten) Machtpositionen verhindern.

In scharfem Gegensatz zu diesen rechtlich umhegten Feldern öffentlicher Aktivitäten hat die Entstehung und destruktive Ausbreitung der Welt-Systemkrise gezeigt, dass es Machtpositionen an den Schaltstellen des Kapitalmarktes gibt, die mit größter Breitenwirkung zerstörerische Wirkungen entfalten können. Die Entscheidungen in Ausübung dieser Machtpositionen werden durch keine Verfassung und keine Kontrolleure verbindlich reguliert oder kontrolliert und können nicht nur für jeden Bürger – sei es als Geldanleger oder „nur" als Steuerzahler – in unterschiedlicher Weise höchst schädigende Folgen auslösen, sondern die finanzwirtschaftlichen Machtträger können sogar die verfassungsmäßigen

Verantwortungsträger zwingen, politische Prioritäten zu setzen, die diese von sich aus nicht im Traum anvisiert hätten.

So können sie die Politik sogar dazu nötigen, zur Rettung der von ihnen selbst in Turbulenzen gebrachten „systemrelevanten" Banken Schutzschirme von einem Kapitalumfang aufzuspannen, die jedes Maß verantwortlicher Staatshaushaltsführung sprengen (in Deutschland allein ca. 500 Milliarden Euro – bei einem *Jahres*haushalt des Bundes von ca. 280 Milliarden Euro)[11]: *Damit zwingen die Krisenauslöser die Politik zur selben Unseriosität, wie es ihr eigenes Handeln kennzeichnet, und nehmen dem Staat insofern die Möglichkeit, seine Rolle als verantwortungsethisch orientiertem Garanten von Gerechtigkeit wahrzunehmen – mit schlimmen Folgen für das Vertrauen der Bürger in die soziale Gerechtigkeit staatlichen Handelns, woraus wiederum die ohnehin grassierende Politikmüdigkeit im Land verstärkt werden könnte.*

Kurzum: Während der Leviathan Staat – als der herkömmliche Bedroher der Freiheit und als Kriege führender Unhold – durch bindende Verfassungen domestiziert worden ist, ist aus dem Kernbereich der anerkannten marktwirtschaftlichen Kapitalverwertungsorganisation völlig unerwartet eine neue Zerstörungskraft ungeheuren Ausmaßes erwachsen: *Die Tyrannei der Fresskette.*

Wie in unserem systemtheoretischen Deutungsversuch der Welt-Systemkrise in Kapitel 5. noch genauer ausgeführt wird, können ökonomische Systeme als *kompetitive Systeme* verstanden werden, deren Entwicklungsverhalten durch *nichtlineare Wachstumsmodelle* erklärt werden kann. Ein Prototyp hiervon ist die sog. *„Räuber-Beute-Beziehung"*, bei der der *„Räuber"* Vorteile auf Kosten eines anderen (des *„Beutetiers")* erzielt, aber selbst von einem noch stärkeren Räuber ausgebeutet wird. So entsteht eine *„Fresskette"*, deren Tyrannei darin besteht, dass der jeweilige *„Räuber"* die Freiheit hat, sich zu Lasten seines jeweiligen *„Beutetiers"* seine eigenen Vorteile zu nehmen. Im Grunde ist dies ein archaisches Prinzip, das jede Rechtskultur verhöhnt, was wiederum in dem *„Rules are for Fools"* zum Ausdruck kommt, das aus dem Kasinogelächter der *„Bankster"* kolportiert wird.

Die Fresskette der *„Räuber-Beute-Beziehungen"* ist als Erklärungsmuster für die zerstörerischen Wirkungen der *junkbond crisis* unmittelbar einleuchtend, wenn man sich vor Augen führt, dass die exorbitanten Boni der *„Räuber"* durch die Verluste der getäuschten junkbond-Erwerber und durch die letztlich vom Steuerzahler (als *„Beutetiere"*) zu finanzierenden Staatshilfen für „systemrelevante" Banken aufgebracht werden müssen. Gelingt es nicht, die räuberischen *„Freiheiten"* ebenfalls durch effektiv durchsetzbare Rechtsregeln zu domestizieren, kann es immer wieder zu neuen Tyranneien der Fresskette kommen.

5.
Systemtheoretische Krisenanalyse

5.1 Kritik- und Warnfunktionen der systemtheoretischen Analyse

Der Einsatz der systemtheoretischen Analyse bei Ursachen, Verlauf, Erscheinungsformen, Folgen und Wiederholungsgefahr der Welt-Systemkrise dient in erster Linie einer distanzierenden Neuorientierung der Perspektiven der Analyse und der Kritik des traditionell eingesetzten methodischen Instrumentariums.

Das bedeutet: Die Systemtheorie vermag nicht, operative Handlungsanleitungen zur Überwindung des gravierenden Krisensyndroms zu formulieren; sie kann aber den Blick für die strukturellen Schwachstellen des Systems schärfen – wobei sich erweisen wird, dass die Risiken des Systems zwar *durch intrinsische Strukturmerkmale gegeben sind, dass diese aber in einer bemerkenswerten dialektischen Wendung gleichzeitig die Vorbedingung für den einmaligen Erfolg der dezentral gesteuerten Märkte darstellen.*

Die systemtheoretische Analyse hat damit vor allem (generelle) Kritik- und Warnfunktionen, die in verschiedenen Zusammenhängen Bedeutung gewinnen, so

- bei der zentralen Aufgabe des Risikomanagements in nichtlinearen, dynamischen Prozessen, indem sie eine prinzipielle Unvorhersehbarkeit der konkreten Systemreaktionen auf bestimmte Inputs sowie des systeminhärenten Phänomens plötzlicher, sprunghafter Zustandsänderungen herausarbeitet[12];
- bei der Kritik der „klassischen“ ökonomischen Analyseverfahren, insbesondere der gängigen finanzmathematischen Modelle, die die Risiken des Finanzmarktes völlig unzureichend beschreiben[13]; und
- bei der mathematischen Begründung der ebenfalls systeminhärenten Krisen-Wiederholungsgefahr.[14]

Die Systemtheorie ist ein mächtiges Werkzeug, wenn es darum geht, ein umfangreiches Konglomerat abhängiger Erscheinungen zu ordnen und – wo möglich – auf wenige bereits bekannte Ursachenkomplexe zurückzuführen. Insbesondere wollen wir versuchen zu zeigen, dass für makroökonomische Prozesse der Aspekt der *dynamischen Nichtlinearitäten* von ganz zentraler Bedeutung ist.

5.2 Aspekte des Risikomanagements in nichtlinearen, dynamischen Systemen

5.2.1 Merkmale nichtlinearer, dynamischer Systeme

Komplexe Systeme, seien sie naturgegeben oder wirtschaftlich-sozialer Art, sind *im Sinne der Systemtheorie sehr häufig nichtlineare, dynamische Systeme.* Eine systemtheoretische Analyse der Welt-Systemkrise setzt deshalb *die Klärung des Merkmals der Nichtlinearität* voraus.

Unser Alltagsverstand (der erfahrungsgemäß ein mehr oder weniger guter Problemlöser ist), arbeitet wohl überwiegend mit *linearen* Begriffen. „Viel hilft viel – wenig hilft wenig“ – es gäbe noch viele derlei Redensarten, mit denen suggeriert wird, dass man die Gesetzmäßigkeiten zu kennen glaubt, die zur Extrapolation des Vorfindlichen oder dessen strukturellen Verständnisses notwendig sind. Aber wir machen eben auch immer wieder die Erfahrung, dass systemspezifische Reaktionen *kontraintuitiv und erwartungswidrig* auftreten. Schon diese Tatsache zeigt, dass unsere linearen Denkmuster häufig eine gute Hilfe für die Bewältigung von Alltagsproblemen darstellen, dass sie aber (bei vertiefter Betrachtung) nichts weiter als eine mehr oder weniger grobe erkenntnismäßige Näherung an die wirklichen (dynamischen) Beziehungen darstellen. Mehr noch: Lineare Systeme sind in der sinnlich wahrnehmbaren Alltagswelt die Ausnahme bzw. das Ergebnis idealisierter Vereinfachungen – sie haben etwa den gleichen Erkenntniswert wie andere (idealisierte) Begriffe der Mathematik: Punkt, Gerade, Ebene. Sie sind Abstraktionen, die es im „wirklichen Leben“ auf der Erde – im Gegensatz etwa zu *linearen Modellen* in der theoretischen Physik – eben nicht gibt.

Der Unterschied von linearen und nichtlinearen Systemen lässt sich mit der Unterscheidung ihrer Reaktionsmuster erklären:

Bei *linearen Systemen* (etwa einem „linearen“ elektrischen Netzwerk) kann man die *Gesamtwirkung* des Systems auf eine Summe von Eingangssignalen (Eingangsreizen) einfach dadurch ermitteln, dass man jedes Teilsignal der Systemtransformation unterwirft – und die so transformierten Eingangssignale *am Ausgang summiert.* Diese Eigenschaft ist für lineare Systeme extrem wichtig: Man nennt diese Eigenschaft das Prinzip der *Superposition.* Man kann also die an dem Systemausgang gemessenen Signale (Lösungen) immer additiv aus Teilsignalen des Systems zusammensetzen – ohne dass das System irgend eine dynamische Größe (z.B. eine Frequenz oder ein Frequenzgemisch) hinzufügt, *die nicht schon im Eingangssignal enthalten wären.*

Nichtlineare Systeme verhalten sich völlig anders. Bei ihnen kann man grundsätzlich *nicht das Gesamtausgangssignal als algebraische Summe der transformierten Eingangssignale darstellen. Das System fügt dem (dynamischen Ausgangssignal) u. U. Frequenzen oder Frequenzmischungen bei,* die nicht in den Frequenzen der Eingangssignale enthalten waren. Einer der wesentlichen Gründe für dieses (erratische) Verhalten liegt in der Tatsache begründet, dass die einzelnen Eingangssignale im System selbst wechselwirken – die Reaktion des Systems auf Eingangsreize hängt also wesentlich vom *inneren Zustand (bzw. der Wechselwirkung der Zustandsgrößen im System) ab. Da die Ausgangssignale den Eingangssignalen nun nicht mehr streng proportional sind, hängt die Verstärkung plötzlich von der Frequenz (bzw. allgemeiner: der Dynamik) des Eingangssignals ab.*

In ökologischen (oder ökonomischen) Systemen hat dies zur Konsequenz, dass die *Änderungsraten der Zustandsfunktionen in ihrer Dynamik von eben diesen Zustandsfunktionen im Zeitpunkt t abhängen (die aber im allgemeinen in diesem Zeitpunkt nicht bekannt sind!).* Eine wichtige Konsequenz dieser Eigenschaft ergibt sich aus der Tatsache, dass der *direkte* Kausalnexus zwischen Eingangssignal und Systemreaktion (Systemausgang) nunmehr zerstört ist – im vollen Gegensatz zu linearen Systemen. Zu beachten ist ferner, dass es aus den oben erörterten Gründen bei nichtlinearen Systemen *im allgemeinen nicht zulässig ist, die Eingangssignale zeitlich zu mitteln (was aber in praktischen Fällen immer wieder geschieht), denn dadurch wird die reale Dynamik des Systems verfälscht!*

Wir haben bewusst den Aspekt der *dynamischen Nichtlinearität* herausgearbeitet, da er für die weiteren Ausführungen von *zentraler Bedeutung ist.* Es ist für uns immer wieder überraschend, wie wenig Augenmerk diesem grundlegenden Aspekt in der uns zugänglichen ökonomischen Literatur gewidmet wird. Um die zentrale Bedeutung der Eigenschaften nichtlinearer dynamischer Systeme für die wirtschaftliche und andere (komplexe) Systeme ins Bewusstsein zu heben, wollen wir hier nochmals kurz *die wesentlichen Eigenschaften nichtlinearer, dynamischer Systeme* aufzählen, deren Kenntnis für die nicht mathematische, mehr intuitive Würdigung unseres Ansatzes wichtig sind (deren exakte Herleitung und mathematisch exakte Begründung den Rahmen dieses Beitrages weit überschreiten würde):

- *Nichtlineare Systeme* zeigen ein äußerst kompliziertes Stabilitätsverhalten – die mögliche Bandbreite reicht von Zonen der Unempfindlichkeit gegenüber Eingangsreizen bis hin zu chaotischer Überempfindlichkeit („Schmetterlingsschlag in Indien und Wettersturz bei uns").
- *Nichtlineare Systeme* sind auf langen Zeitskalen grundsätzlich nicht vorhersagbar, d. h., die entsprechenden *Zustandsgleichungen (Differentialgleichungen)* sind nicht geschlossen integrierbar (von Ausnahmefällen abgesehen). Dies liegt an der grundlegenden Eigenschaft nichtlinearer Systeme, dass die *Raten* Funktionen der *Zustandsgrößen* sind (vgl. oben). Dies hat die Konsequenz, dass diese Systeme im Allgemeinen *nicht steuerbar sind.*
- *Nichtlineare Systeme* generieren u. U. endogene Oszillationen, die das Resultat von komplexen *Wechselwirkungen innerhalb des Systems sind* (die berühmten Konjunkturzyklen sind nichts anderes als das!).
- Nichtlineare Systeme zeigen mitunter ausgeprägte Synergien (Quereffekte).
- *Nichtlineare Systeme* können unter speziellen Bedingungen (die bekannt, aber kompliziert sind) weitab vom *Gleichgewicht operieren*.
  Bei dynamischen (nichtlinearen) Systemen ist der Begriff des Gleichgewichtes im Übrigen keineswegs trivial: Im Falle eines Systems von Differentialgleichungen erster Ordnung (nur solche wollen wir hier betrachten) wird der stationäre Punkt (das Gleichgewicht, für den die Ableitungen verschwinden) nur dann erreicht, wenn das im Gleichgewicht entstehende System nichtlinearer algebraischer Gleichungen eine eindeutige Lösung hat.
  Intuitiv ist klar, dass das bei hochkomplexen Systemen eine extreme Einschränkung an die Struktur und die Parameter des Systems darstellt. Das heißt, das Auffinden und gegebenenfalls die Analyse der Stabilität solch zeitlich stabiler Zustände des Systems stellt an die Kenntnis des tatsächlichen Kausalzusammenhangs aller Wechselwirkungen innerhalb des Systems höchste Anforderungen – die im Kontext ganzer Volkswirtschaften

(u. U. im globalen Maßstab) auch in fernerer Zukunft nicht zu haben sein wird.

- Nichtlineare Systeme neigen dazu, die Verteilungsfunktionen zufälliger Größen zu verzerren: Liegt am Eingang z.B. die berühmte Gaußverteilung (Normalverteilung) an, kann am Ausgang des Systems eine mehr oder weniger stark verzerrte Verteilung resultieren.

Eine sehr bekannte (und gefürchtete) Eigenschaft nichtlinearer Systeme ist darüber hinaus ihre Fähigkeit, in Abhängigkeit eines sogenannten *Bifurkationsparameters* plötzlich ihren Zustand sprunghaft zu verändern. Ein einfaches Beispiel aus dem Alltag wäre ein Stab, der unter der Wirkung einer Druckspannung plötzlich knickt. Solche „Zustands-Verzweigungen" von nichtlinearen Zustandsgleichungen sind sehr gefährlich, ja mitunter katastrophal. (Einer der bekanntesten Mathematiker auf diesem Gebiet, der Franzose *René Thom, hat die Disziplin, die sich mit diesem Phänomen plötzlicher, unstetiger Sprünge in der Dynamik befasst, sehr anschaulich „Katastrophentheorie" genannt.)*

Um deutlich zu machen, dass der zentrale Begriff der *Wechselwirkung* für nichtlineare Systeme keine theoretische Spitzfindigkeit, sondern eine *intrinsische Eigenschaft* ist, wollen wir das Entstehen solcher Wechselwirkungen an einem bekannten (und leicht nachvollziehbaren) Beispiel aus der Ökologie exemplarisch darstellen.

5.2.2 *Warum ökonomische und sonstige soziale Wechselwirkungen notwendig nichtlinear sind*

Ökonomische Systeme sind *kompetitive Systeme*: Mehrere Konkurrenten kämpfen um knappe Ressourcen – wären die Ressourcen *zeitlich unbeschränkt* verfügbar, wären sie nicht *knapp* und es gäbe *keine Konkurrenz*. In der wirtschaftswissenschaftlichen bzw. ökologischen Literatur werden im Wesentlichen drei verschiedene *Wachstumsmodelle* diskutiert, von denen uns aber nur die sog. „Räuber – Beute – Beziehungen" als Prototyp *nichtlinearen Wachstums* interessieren sollen: Entgegen der naheliegenden Vermutung enthält dieser weithin etablierte Begriff keineswegs eine moralische Wertung, sondern kodiert nur den universalen Mechanismus der Konkurrenz.

Man stelle sich den einfachsten denkbaren Fall vor, dass zwei verschiedene Arten miteinander wechselwirken (um ihr Überleben konkurrieren): ein „Räuber“ und ein „Beutetier“ (will man diese etwas provozierende Nomenklatur vermeiden, könnte man auch von Akteuren sprechen, bei denen einer Vorteile auf Kosten eines anderen erzielt). Beide Arten werden durch ihre jeweiligen *Populationsdichten* charakterisiert – das werden zeitlich variable Größen (Zustandsfunktionen) sein. Wie kann man diese Wechselwirkung nun mathematisch abbilden? Das lässt sich einfach dadurch erreichen, dass man für jeden Zeitpunkt **t** die *Wachstumsrate des Räubers* von der Populationsdichte *der Beute abhängig macht (s.o.). Die Geschwindigkeit des Räuberwachstums wird daher explizit von der Populationsdichte der Beute zum Zeitpunkt* **t** *gesteuert – die „Sterbeberate“ der Beute im Zeitpunkt t hängt wiederum von der Populationsdichte des Räubers ab.*

Tatsächlich ist die obige Darstellung stark vereinfacht: Die (dynamische) Wirkung der Beutepopulationsdichte auf die Wachstumsrate des Räubers wird bei realen Systemen durch eine stark nichtlineare „Limitierungsfunktion“ gesteuert, die die Beutepopulation in einer Weise enthält, dass bei sehr hohen Beutedichten deren Einfluss auf die Wachstumsrate des Räubers gegen Null geht (Sättigungsverhalten) – bei sehr kleinen Beutedichten ist der Einfluss hingegen sehr stark: Bereits kleine Zuwächse an Beutetieren führen u. U. zu einer starken Steigerung der Wachstumsrate der Räuber. Außerdem haben wir bei der Wachstumsrate der Beute unterstellt, dass sie ihre Nahrung aus einer unbegrenzt verfügbaren Ressource decken kann. Dies ist natürlich unrealistisch: Tatsächlich könnte es so sein, dass die Beutetiere ihrerseits mit anderen Tierarten um ihre Nahrungsressourcen konkurrieren müssen – oder im Falle von Vegetariern nur ein begrenzter Bestand an „Lieblingspflanzen“ verfügbar ist, usw. usw.

Auch der Räuber muss nicht unbedingt im Paradies leben: Vielleicht gibt es einen stärkeren Räuber, der ihn wiederum als Beutetier betrachtet, usw. Man erkennt, dass die „Fresskette“ beliebig lang werden kann – was nichts anderes heißt, als dass die Zahl *der verkoppelten Zustandsvariablen sehr schnell ansteigt.* Für unsere Diskussion des oben erörterten Konkurrenzmechanismus ist nun entscheidend, dass durch die „Fresskette“ ein u. U. dichtes Netzwerk verkoppelter Zustandsgleichungen entsteht.

Nochmals betonen wir, dass diese interne Verkopplung von Zustandsfunktionen das entscheidende Charakteristikum *nichtlinearer dynamischer Systeme ist.* Ein prominentes Beispiel für eine (einfache) nichtlineare Verkopplung eines dynamischen Systems aus der Ökonomie ist der bekannte „Schweinezyklus“ – er entspricht strukturell genau dem oben erörterten Beispiel des „Räuber – Beute Systems“.

5.2.3 Systemtheoretisch angezeigte Neuorientierungen im Risikomanagement

Ausgangspunkt der folgenden Überlegungen ist nichts weniger als eine radikale Umorientierung der Verantwortungs-Perspektive bei finanzwirtschaftlichen Entscheidungen: Anstatt – etwa bei der Emission oder bei dem Handel mit riskanten Papieren – ausschließlich auf die Zielfunktion „Gewinnoptimierung“ für das eigene Institut oder für den Entscheidenden selbst fixiert zu sein, *muss die Dimension der Risikoabschätzung für alle von der Entscheidung unmittelbar oder mittelbar Betroffenen entscheidend sein.* Das bedeutet, dass jede risikobehaftete finanzwirtschaftliche Entscheidung ein bewusster Akt des Risikomanagements sein muss. Sie muss dies nicht nur wegen der (noch unzulänglichen) haftungsrechtlichen Verantwortung der finanzwirtschaftlichen Akteure sein, sie muss es auch nicht „nur“ unter verantwortungsethischen Maßstäben sein, vielmehr kann es bei solchen Entscheidungen ganz elementar um das Überleben der eigenen Einrichtung *(Lehman Brothers!)* und damit auch um den Fortbestand der eigenen (höchst einkömmlichen!) Berufsausübung gehen. Spätestens solche Risikokalküle hinsichtlich der eigenen wirtschaftlichen Fortexistenz müssen doch die Arbitragejäger aus „der Parallelwelt der gewollten Ahnungslosigkeit“[15] in die Realwelt eines bewusst verantwortungsorientierten Risikomanagements zurückholen!

An dieser Stelle zum Thema *realitätsgerechtes Risikomanagement* nur so viel: Traditionelle Werkzeuge des Risikomanagements scheinen weitgehend obsolet geworden zu sein, da sie von unrealistischen Annahmen ausgehen. Es hat eine fieberhafte Suche nach realitätsgerechteren Verfahren des Risikomanagements eingesetzt.

Die Chancen für bessere Werkzeuge zur Risikoabschätzung scheinen nicht schlecht zu stehen. Wie insbesondere *Benoit Mandelbrot* durch seine bahnbrechenden Arbeiten zur *fraktalen Struktur von ökonomischen Zeitreihen (z. B. Börsenkursen) gezeigt hat, ist im Hinblick auf das Risikomanagement ein radikaler Paradigmen-*

wechsel notwendig. Seine Entdeckung *des multifraktalen Charakters von Börsenkursen* eröffnet einen neuen Blick auf die tatsächlichen Risiken von Kursschwankungen.[16] Nach unserer Auffassung verbindet dieser Ansatz die *genuine Nichtlinearität der betrachteten Systeme in stringenter Weise mit dem modernsten Stand der statistischen Analyse der von dem System generierten Zeitreihen.*

Der systemtheoretische Denkansatz soll das Problembewusstsein für die gegenwärtige Krise nicht nur auf die oberflächlichen subjektiven Momente („Bankster") oder scheinrationale „objektive" Aspekte (Hypothekenkrise in den USA) verengen. Die systemtheoretische Analyse soll vielmehr in objektiver und nachvollziehbarer Weise deutlich machen, wie *zerbrechlich die Grundlagen der Marktwirtschaft eigentlich sind.* Es soll deutlich werden, dass ein *selbstregulierendes System wie die Marktwirtschaft zwar große Stabilitätsreserven besitzt (viel mehr, als rigide Planwirtschaften je haben könnten) – dass es aber auch für das subtile System von Kreisläufen (Wechselwirkungen) Grenzen der Stabilität gibt.*

Wenn man gegen die hemdsärmelige Art, mit der heute in der Finanzindustrie mit Sprengsätzen höchster Brisanz ohne die einfachsten Vorsichtsmaßnahmen (die über den engen Rahmen einer unmittelbar profitorientierten Spekulationspraxis hinausreichen) hantiert wird, scheint es mehr als notwendig zu sein, im Sinne des Gemeinwohls mit Nachdruck gewisse grundsätzliche Tatsachen der Systemtheorie ins Bewusstsein zu rücken. Wenn ein hoch bezahlter Arbitragejäger darüber auch zynisch lächeln mag, weil Nachdenklichkeit keinen unmittelbaren Profit verspricht, so wollen wir ihm doch das Zischen der Lunte am Pulverfass, auf dem er sitzt, zumindest hörbar machen.

Wir begreifen die Wirtschaft als ein (dynamisches) Subsystem der gesamten Gesellschaft; zwischen dieser Gesamtgesellschaft und dem Subsystem „Wirtschaft" bestehen vielfältige Wechselbeziehungen. Diese Wechselwirkungen bestehen aus einem dichten Netz von materiellen und informationellen Flüssen.[17] Diese „Flüsse" in expliziter Form als Flussgleichungen (Zustandsgleichungen) zu formulieren, dürfte nahezu unmöglich sein. Es ist daher zwar schon aus rein denkökonomischen Gründen zweckmäßig, das in die Gesellschaft eingebettete Subsystem „Ökonomie" zu separieren, aber: Ein wesentlicher Teil unserer Kritik an der öffentlichen

Wahrnehmung der gegenwärtigen Krise bezieht sich auch darauf, dass bestimmte, für die Gesellschaft als Ganzes außerordentlich wichtige ökonomische Entwicklungen nur in rein ökonomischen terms diskutiert werden – ohne hinreichende Berücksichtigung ihrer gesamtgesellschaftlichen Wirkung.

Im Unterschied zu den exakten Naturwissenschaften ist es in der Ökonomie offenbar sehr schwer, die relevanten Größen eindeutig zu definieren: Man betrachtet daher gewisse „aggregierte Größen" (Preise, Zinsen, Arbeitskräfte, Ausgaben, Einnahmen, Sparquoten, Mengen produzierter und konsumierter Güter, Löhne, Produktivität, Investitionen usw.). Der auffälligste Unterschied zu naturwissenschaftlichen Größen scheint ihre *Unschärfe* zu sein, was natürlich sofort die Frage nach ihrer *exakten Messbarkeit* bzw. *Berechenbarkeit* aufwirft. Solch gemittelte Größen werden für einen bestimmten Bezugszeitraum als *konstant* angesehen.

Natürlich versteht auch ein Außenstehender, dass statische Bilanzen der Volkswirtschaft wesentlich leichter zu handhaben sind als komplexe dynamische Modelle. Ein kurzer Blick auf ökonomische Zeitreihen lehrt jedoch, dass wir es in Wahrheit mit hochdynamischen Größen zu tun haben, deren Dynamik nicht nur ein lästiges Beiwerk ist – sondern ein konstitutives Merkmal dieser Reihen. Da es evident ist, dass reale ökonomische Größen auf mittleren bis langen Zeitskalen *zeitlich stark variieren*, müssen die oben erörterten statischen Bilanzen *zu dynamischen Bilanzen erweitert werden*. Bilanziert wird – genau wie im statischen Fall – über die *Quellen und Senken des Systems (Zugänge/Abgänge)*. Im Ergebnis entstehen so die Systemdifferentialgleichungen (Zustandsgleichungen), die im Allgemeinen hochgradig nichtlinear sein dürften (unter anderem wegen der erörterten Konkurrenzmechanismen).

Als ein Beleg für die von uns hier dargelegte These verweisen wir auf das Buch von *A. Schmidt,* „Endo-Management. Entrepreneurship im Interface des World Wide Web"[18], ein sehr kenntnisreicher Versuch eines Nichtökonomen, alle bisher verfügbaren wissenschaftlichen Erkenntnisse der nichtlinearen Systemtheorie auf die Ökonomie anzuwenden. Indem *Schmidt* vor allem den *endogenen Charakter nichtlinearer Phänomene herausstellt,* kommt er zu weitreichenden Einsichten sowohl in Hinsicht auf den gegenwärtigen Stand der ökonomischen Forschung als auch der zwingenden Notwendigkeit, über den begrenzten Begriffsrahmen linearer Ansätze hinauszugelangen:

„Das heutige Wirtschaftssystem wird im Prinzip mit statischen oder linearen Modellen beschrieben, die ein System in Gleichgewichtsnähe betrachten. Zukünftige Wirtschaftstheorien müssen jedoch dem Prinzip der Nichtlinearen Dynamik, das fern vom Gleichgewicht operiert, genügen."

Dem wäre von unserer Seite nichts mehr hinzuzufügen.

5.2.4 Systemtheoretisch angezeigte Konsequenzen für die Abschätzung von Risiken

Es ist evident, dass Entscheidungen in einer marktwirtschaftlich verfassten Wirtschaftsordnung *grundsätzlich unter den Bedingungen unscharfer bzw. unvollkommener Informationen über den Systemzustand getroffen werden müssen.* Damit ist ebenfalls evident, dass Entscheidungen *immer mit Risiken behaftet sind.*

Die klassischen Theorien des Marktes gehen von *der Vorstellung der vollständigen Information aller Marktteilnehmer aus.* Wir wollen hier nicht die Frage diskutieren, ob dies auch nur annähernd der Fall sein könnte (man findet hierzu sehr widersprüchliche Meinungen). Gilt die von uns oben beschriebene Vermutung, dass wir es bei Märkten mit hochgradig nichtlinear verkoppelten Systemen zu tun haben, dürften diese nur in singulären Fällen *im Gleichgewicht sein.* Operieren sie jedoch überwiegend weitab vom Gleichgewicht, dann ist das klassisch geforderte *Informationsgleichgewicht* eine Illusion (auch deshalb, weil sich Märkte wegen unzähliger zufälliger Störungen und der riesigen Zahl der Akteure nicht vollständig beschreiben lassen). Nicht zufällig ist ja gerade die vollständige Intransparenz des Finanzmarktes ein Teil dieser Krise. Darüber hinaus sollte man auch nicht vergessen, dass Banken und andere Kapitalsammelstellen offenbar ein Informationsmanagement betreiben, das Großkunden eindeutig bevorzugt[19]: Diese werden offenbar mit Insiderinformationen versorgt, die dem kleinen „Daytrader" mit Sicherheit nicht zugänglich sind. In diesem Zusammenhang sollte auch nicht vergessen werden, dass große Kapitalsammelstellen zu einem Verhalten neigen, was sie euphemistisch mit „Kurspflege" beschreiben. Informelles Gleichgewicht als notwendige Bedingung eines „effizienten" Marktes – unter den geschilderten Bedingungen ist dieser wohl nur eine Wunschvorstellung!

Die angesichts der krisenhaften Entartung des Finanzmarktes wirklich spannende Frage ist, ob es sinnvoll ist, auf der Ebene ganzer

Volkswirtschaften oder gar der Gesellschaft objektivierbare Aussagen über die Stabilitätseigenschaften des Systems zu machen. Wir haben ja mit Bedacht die qualitativen Eigenschaften nichtlinearer Systeme so ausführlich diskutiert – Eigenschaften, die mit phänologischen Verhaltensmustern der Volkswirtschaft offenkundig hochgradig korrelieren.[20]

Obwohl wir die *durch die geschilderten Systemeigenschaften nichtlinearer Systeme begründete Vermutung hegen, dass auch extreme Systemzustände – z.B. Schocks weitab vom Gleichgewicht – letztlich nur zu verstehen sind, wenn man hinter den äußerlich zusammen hängenden Befunden eine nichtlineare Dynamik vermuten muss, sind wir jedoch weit davon entfernt, diese Zustandsgleichungen wirklich zu „kennen".*[21]

Was bleibt? Wenn es offenbar nicht möglich ist, das komplexe Stabilitätsverhalten makroökonomischer Systeme explizit auf der Basis der „wahren" Zustandsgleichungen des Gesamtsystems zu untersuchen, muss man sich zwangsläufig mit der statistischen Analyse der empirisch fassbaren Zeitreihen, die das System generiert, begnügen. Bei dieser statistischen Betrachtungsweise wird anscheinend oft von der extrem einfachen Annahme ausgegangen, dass der „Börsenwert von morgen" durch den Wert von „heute" stark vorbestimmt ist. Mathematisch unterstellt diese Vorgehensweise, dass man es mit sog. *MARKOW–Ketten erster Ordnung* zu tun hat, bei denen die Vergangenheit keinen Einfluss auf die Gegenwart und die Zukunft hat. Das bedeutet dann zwangsläufig, dass der Vorhersagehorizont statistische Extrapolationen der Zeitreihe nur ein Zeitintervall beträgt. Diese extrem simple Sicht der Dinge ist – wie wir noch zeigen werden – falsch. Tatsächlich haben wir es – nach *Mandelbrot* – mit *nichtmarkowschen Prozessen zu tun.* Neueste Forschungen (über die wir im Folgenden kurz berichten werden) zeigen überdies, dass reale ökonomische Zeitreihen sehr wohl über ein ausgeprägtes Gedächtnis verfügen, das allerdings stark *nichtlinear ist.*

Ein wesentlicher Motor für menschliche Erkenntnis ist *die Angst, die mit Strukturbrüchen unauflöslich verknüpft ist.* Der Beobachter notiert mit einem gewissen Schmunzeln, wie die derzeitige Krise der Finanzindustrie die Einsicht gefördert hat, dass gewisse Paradigmen der Finanzwirtschaft wohl auf sehr wackeligen Beinen stehen.

Aus unserer Sicht ist es evident, dass *die Finanzindustrie nicht mehr in der Lage ist, ein rational nachprüfbares Risikomanagement ihrer Produkte zu gewährleisten.* Wenn die Emittenten gewisser Derivate (auf deren abenteuerliche Konstruktion an anderer Stelle[22] eingegangen wird) selbst nicht mehr in der Lage sind, die Sprengkraft ihrer Produkte zu beurteilen, *dann sind wir an einem kritischen Punkt angelangt.*

Nochmals verweisen wir in diesem Zusammenhang auf die oben getroffene Feststellung, dass in dieser Situation das für einen echten Markt notwendige Gleichgewicht der Information zwischen Nachfrager und Anbieter auf das gröbste verletzt ist – mit der katastrophalen Folge, dass es in dieser Lage überhaupt keinen „Finanzmarkt" geben kann. Das ist nicht nur ein Schönheitsfehler – und schon gar nicht ein nur nominalistisches Problem: „Kein Markt" bedeutet nämlich automatisch krasses Marktversagen! Die genuine Stärke des Marktmechanismus, nämlich für eine optimale Allokation des Kapitals in die Realwirtschaft zu sorgen, wird unter diesen Bedingungen zur Fata Morgana!

Die großen Kapitalsammelstellen (Banken, Börsen, Fonds ...), die früher wenigstens theoretisch für eine wachstumsfördernde Kapitalausstattung der Realwirtschaft gesorgt haben, indem sie (wie bei einem „Gradientenfluss") das Kapital in die Zweige mit dem steilsten Gewinnanstieg leiteten, sind *inzwischen selbst zur größten Gefahr für die Gesellschaft geworden.*[23] Außerdem ist es jedem Interessierten bekannt, dass die „virtuellen" Geldmengen (die überwiegend aus nicht gedeckten „Wetten" auf die Zukunft bestehen) das Volumen realwirtschaftlicher Werte um ein Vielfaches übersteigen. Anders ausgedrückt: Das für die gesamtwirtschaftliche Stabilität so dringend notwendige annähernde Gleichgewicht zwischen *realer Wertschöpfung* und *Geldmenge* ist offenbar inzwischen so gestört worden, dass sich Staaten extrem hoch verschulden müssen, um die exorbitanten Ungleichgewichte wenigsten nominell durch allerlei Tricks auszugleichen.[24]

Wie konnte es dahin kommen? Aus unserer Sicht – und wir glauben, mit dieser Meinung keineswegs allein dazustehen (vgl. beispielhaft den Beitrag von *A. Schindler*[25]) – scheinen die gängigen finanzmathematischen Modelle die Risiken des komplexen Finanzmarktes völlig unzureichend zu beschreiben. So gehen diese Modelle meist von Annahmen aus, die zwar technisch gut handhabbar sind, die

Realität der Phänomene – insbesondere deren Risiken – aber gefährlich unterschätzen. Die gängigen Modelle zur Risikoabschätzung unterstellen beispielsweise, dass Börsenkurse dem Muster der *„Brownschen Bewegung"* folgen – das berühmteste Modell ist die Formel nach *Black-Scholes*. Diese Formel wird heute in der Praxis in ihrer ursprünglichen Form aber kaum noch angewandt – wohl auch deshalb, weil entscheidende Parameter des Modells als *zeitinvariant* angesehen werden, was bei sehr dynamischen Märkten eine völlig abwegige Vereinfachung darstellen dürfte.[26]

Der entscheidende Punkt bei den gängigen Formeln zur Risikoabschätzung ist von *Mandelbrot* schon vor etwa 40 Jahren nachdrücklich kritisiert worden: Nach seiner Auffassung sind Preisbewegungen mitnichten *normalverteilt*, was heißt, dass alle Risikomodelle, die eine solche Verteilung unterstellen, das wahre Risiko von Preisbewegungen *systematisch unterschätzen. Mehr noch, die eingehende Analyse empirischer Zeitreihen (Börsenkurse etc.) ergab ein überraschendes Ergebnis: Das scheinbar regellose Auf und Ab der Kurse schien eine aus rein geometrischen Überlegungen Mandelbrots gewonnene Erkenntnis zu bestätigen, dass Kursschwankungen sich in hohem Masse skaleninvariant (selbstähnlich) verhalten*. Die auf einer gegebenen Skala (zeitliche Auflösung) beobachtbaren Fluktuationsmuster wiederholten sich auch auf anderen Skalen (mit größerer oder kleinerer Auflösung)! Da dies naturgemäß nicht streng gelten konnte (man bedenke die zahllosen stochastischen Störungen), sprach *Mandelbrot* nicht von selbstähnlichen Skalengesetzen, sondern von *selbstaffinen*.

Besonders wichtig ist in diesem Zusammenhang, dass solch selbstaffine Prozesse nicht mehr normalverteilt sind. Sie werden vielmehr durch *selbstaffine (skaleninvariante) Verteilungen beschrieben. Das sind algebraische Potenzgesetze (power laws), die völlig anders aussehen als die Gaußschen Verteilungen*. Das ist unmittelbar einsichtig: Während bei der „gemütlichen" Gaußverteilung die Eintrittswahrscheinlichkeit sehr großer Schwankungen *exponentiell* abfällt[27], fällt diese bei Potenzgesetzen vom fraktalen Typ wesentlich langsamer, „algebraisch", ab: Diese Verteilungen zeigen einen „fetten Schwanz" (sog. *fat tailed distributions)*. Der Übergang zu immer kleineren Auflösungen (längeren Zeitskalen!) gleicht einem „Höllenritt" – weil die Eintrittswahrscheinlichkeit auch sehr großer Schwankungen wesentlich größer ist als bei der Gaußverteilung.

Einer der Co-Autoren hat jahrelange Erfahrungen auf dem Gebiet der *mathematischen Modellierung aquatischer Systeme* sammeln können.[28] *Auch hier geht es um die sehr bedeutsame Frage, mit welcher Eintrittswahrscheinlichkeit mit einem Hochwasser der Größe Q zu rechnen ist.* Bei der Analyse dieser System konnte immer wieder festgestellt werden, dass hydrologische und meteorologische Zeitreihen (Realisierungen) – die Outputs hochgradig nichtlinearer, komplex verkoppelter dynamischer Prozesse sind – sehr oft *multifraktales* Verhalten zeigen. Wir sind daher keineswegs überrascht, dass sich auch in der Finanzmathematik die Erkenntnis durchzusetzen scheint, dass *Risikoabschätzungen* mittels *Normalverteilungen* höchst problematisch sind. Diese mögen in der Nähe eines Gleichgewichtes einigermaßen zutreffend sein – die wirklich „interessanten" Extremfälle werden dabei aber als „Ausreißer" behandelt (obwohl diese bei Zuständen weitab vom Gleichgewicht – z. B. bei internen bzw. externen Schocks – mit stark erhöhter Wahrscheinlichkeit (im Vergleich zu ihrem Auftreten nah der Normalverteilung) eintreten können).

Mandelbrots Methode der *multifraktalen Kaskaden zur Erzeugung langer (multifraktaler) Zeitreihen (im Rahmen seiner „fraktalen" Portfolio- Theorie)* scheint uns schon allein deshalb besser begründet zu sein, weil solche Multifraktale *durch nichtlineare Dynamiken* erzeugt werden – ein Gesichtspunkt, den wir weiter oben so nachdrücklich ins Blickfeld gerückt haben.

Die *Mandelbrotschen Multifraktale* zeigen ein ziemlich düsteres (aber gleichwohl realistisches) Bild der Dynamik von Zeitreihen der Finanzindustrie: Dort treten ganz plötzlich „Outbursts" auf, die bei der Annahme von „glatten Verteilungen" wie der Normalverteilung höchstens in Zeitintervallen auftreten, die die Lebensdauer der modernen Spekulationsindustrie um ein Vielfaches übersteigen. Überhaupt zeigen diese Reihen ein äußerst unruhiges Bild, das voller „Überraschungen" steckt.

In diesem Zusammenhang verweisen wir (als Service für „Insider") auf die neuesten Arbeiten von *Michail Bogatschev und Armin Bunde,* die in konsequenter Weiterentwicklung von *Mandelbrots* Ideen die Existenz eines *nichtlinearen Langzeitgedächtnisses in ökonomischen Zeitreihen nachweisen konnten.*[29]

Auf eine weitergehende Diskussion der bemerkenswerten Befunde der Autoren soll hier verzichtet werden. Nur so viel: In konventionellen Zeitreihenanalysen sucht man nach sog. *precursory patterns, die einem crash vorauslaufen (sollen).* Die von *Bunde et alii* abgeleitete Wahrscheinlichkeitsverteilung zeigt gegenüber diesen Methoden eine deutlich verbesserte „performance" und dürfte im Hinblick auf die rational begründete Risikoabschätzung den gängigen Methoden vorzuziehen sein. (Nur am Rande sei erwähnt, dass von *Bunde et alii* diese neue Methode auch auf andere komplexe multifraktale Strukturen, wie dem Herzrhythmus, meteorologische – und Klimadaten erfolgreich angewandt wurde.)

Die kurze Einschaltung dieser sehr fachspezifischen Betrachtungen sollte belegen, dass man in multifraktalen Zeitreihen *ein nichtlineares Langzeitgedächtnis findet, das die charakteristischen Häufungen katastrophaler Ereignisse zu erklären vermag (und dem multifraktalen Charakter der Zeitreihen angemessen ist). Die Häufung solch katastrophaler Sprünge sollte uns eine letzte Warnung sein, endlich intensiv über eine Implementierung massiver Schutzmauern um die Finanzindustrie herum nachzudenken, statt uns täglich von den Klageliedern der Banker über die dann unweigerlich eintretende „mangelnde Performance" einschüchtern zu lassen.*[30]

Abschließend soll noch darauf hingewiesen werden: Obwohl der nichtlineare Charakter der *Mandelbrotschen Multifraktale* einen wesentlichen theoretischen Aspekt der Systemanalyse abdeckt (nämlich den der genuinen Nichtlinearität des Systems), sind natürlich auch seine Fraktale keineswegs das Ergebnis strenger Deduktion, sondern *(im besten Falle) das Resultat empirischer Evidenz.*

Wir haben den Eindruck, dass die Risikoforschung auf dem Gebiet der Finanzindustrie (trotz erheblicher Fortschritte im Detail) sowohl in Hinsicht auf die grundlegenden Paradigmen als auch im Blick auf ein wirklich *ganzheitliches Verständnis* der Prozessabläufe noch am Anfang steht. Wir sind davon überzeugt, dass es darüber hinaus keinesfalls genügt, nur *die lokalen Risiken der Finanzjongleure abzuschätzen, sondern die im wahrsten Sinne globalen Risiken für unsere Zivilisation in den Blick zu nehmen! (Es wäre doch wohl Wahnsinn, wenn ein AKW-Betreiber im Rahmen einer Risikoabschätzung einer Kernschmelze in einem Atomreaktor lediglich ein lokal bestehendes Risiko des Betreibers ins Kalkül ziehen würde!)*

5.3 Fazit

Der Exkurs in die Gefilde der Systemtheorie (und der damit verknüpften Mathematik) sollte kein Selbstzweck sein – er diente zunächst dazu, die methodischen Grundlagen unseres Diskussionsbeitrages transparent zu machen. Unser Hauptziel war es jedoch, die weit verbreitete Theoriefeindlichkeit und die damit verbundene Ignoranz gegenüber den wirklichen Gefahren, die eine eindimensionale Betrachtung wirtschaftlicher Prozesse zwangsläufig evozieren, ins Bewusstsein zu rücken.

Wenn wir den Stand der systemtheoretischen und mathematischen Abbildung ökonomischer Prozesse im Vorstehenden kritisch beleuchtet haben, dann ist uns natürlich bewusst, dass diese unbefriedigende Situation keineswegs das Resultat subjektiver Unfähigkeit der Ökonomen ist. Der Sinn unseres Einspruches mag darin liegen, dass wir uns der *objektiven Schwierigkeiten bei der quantitativen Nachbildung ökonomischer Prozesse sehr wohl bewusst sind. Eine grundlegende Schwierigkeit (neben der prinzipiellen Nichtlinearität der Systeme) scheint darin zu liegen, dass man in der Ökonomie die gesuchten Bewegungsgleichungen nicht aus einem übergeordneten Prinzip deduktiv herleiten kann (wie z. B. mittels der Variationsprinzipien in der Physik).*

Nach unserer Einschätzung überwiegt die empirische Analyse eines fast unübersehbaren Wustes von riesigen Datenströmen bei weitem – mit dem Ergebnis, dass darunter ganz zwangsläufig die Stringenz der abgeleiteten Modellkonzepte leidet. Dies ist keineswegs ein Vorwurf, sondern sollte lediglich als eindringliche Warnung für diejenigen gelten, die in blindem Vertrauen auf ihre Modelle und den hochleistungsfähigen Computern „den Wald vor lauter Bäumen" nicht mehr sehen!

Der von uns so nachdrücklich herausgestellte Aspekt der Nichtlinearität komplexer ökonomischer Systeme ist einerseits die unerlässliche Vorbedingung für die Evolutionsfähigkeit des Systems (lineare Systeme sind nicht evolutionsfähig!) – gleichzeitig ist diese Eigenschaft aber von einer solchen dynamischen Sprengkraft und daher gesellschaftlicher Relevanz, dass es aller intellektuellen Anspannung wert ist, diese schwierigen Zusammenhänge besser zu verstehen.

Die Aspekte der Unvorhersagbarkeit, der dynamischen Instabilität, der Nicht-Steuerbarkeit und des Auftretens abrupter, kausal nicht nachvollziehbarer „Sprünge" sollte uns eine nachdrückliche

Warnung sein: Die Systemevolution des kapitalistischen Verwertungsprozesses ist ohne intelligente Regelbeschränkungen[31] nichts anderes als „unkontrolliertes Wachstum". Unkontrolliertes Wachstum hingegen bedeutet Krebs. Und Krebs ist (leider sehr oft) tödlich!

Es mag sein, dass manchen die hier vorgenommene Analyse zu abstrakt erscheint – angesichts des katastrophalen Versagens der etablierten Wissenschaften in der Vorhersage und der anstehenden „Nachbehandlung" der Krise scheint es hingegen unumgänglich zu sein, bestimmte Prämissen und Paradigmen der „Profis" sehr kritisch zu beleuchten – auch wenn dies nach Lage der Dinge nur auf einem abstrakten Niveau geschehen kann. Allerdings: Wer ganz dicht vor dem Kölner Dom steht, wird die ganze Komplexität dieses wunderschönen Bauwerkes nicht erfassen können. Da hilft nur ein angemessener Abstand – auch wenn dieser vielleicht nur zu der Erkenntnis verhelfen mag, dass der Dom immer noch eine große Baustelle ist!

Wenn man sich die Sprengkraft von „Finanzprodukten" näher ansieht und feststellen muss, dass die einzig rationale Basis für diese Produkte der feste Glaube war: „Es hat 30 Jahre funktioniert – warum sollte es jetzt schief gehen?", dann tut sich ein Abgrund auf, der alle verfügbaren intellektuellen Ressourcen mobilisieren sollte, um einen Paradigmenwechsel zu erzwingen. Denn der durch massive Profitinteressen gestützte Glaube, ein völlig deregulierte Markt ohne staatlich gesetzte Regelbeschränkungen sei *unabdingbar*[32], führt geradewegs in die Katastrophe. Wenn der weltweite „Markt" für „Derivate" auf ungeheuerliche 592 000 Milliarden (!!!) Dollar geschätzt wird, dann wird beim Betrachten dieser Zahlen auch dem größten Ignoranten klar, dass die heutige Wirtschaft eigentlich nur noch aus einer völlig hypertrophierten Finanzindustrie besteht, „ergänzt" um einen (kränkelnden) Appendix Realwirtschaft.

Es mag ja sein, dass die Finanzchefs großer Konzerne das Instrument der Absicherung gegen die Wechselfälle der Casinowirtschaft zur Optimierung ihres Portfolios (und ihres Profits) brauchen – wer, bitte, steht aber am Ende für die immensen Kosten dieser Strategie ein? Die Maxime „Gewinne privatisieren, Verluste sozialisieren" ist nicht nur extrem plump, sondern in ihrem Kern *antibürgerlich und daher demokratiefeindlich.* Zu den ganz wenigen ethischen Grundsätzen, die der kapitalistische Verwertungsprozess zu seiner gesellschaftlichen Legitimation braucht, gehört der Grundsatz: „Gewinnchancen und Risiken bilden zwei Seiten einer Medaille – privater Gewinn rechtfertigt sich nur durch die private Übernahme der Verantwortung für verursachte Verluste."

6. Die Welt-Systemkrise als Kreislaufstörungskrise

Der *kreislauftheoretische Ansatz* ist aus dem Verständnis einer wechselseitigen Verzahnung der verschiedenen Wertkreisläufe geboren, während – auf einer qualitativ höheren Abstraktionsebene – der *systemtheoretische Ansatz* das Reaktionsverhalten eines Systems auf die Zuführung oder Einwirkung neuer Gegebenheiten auf dieses System untersucht.

Bei dem *kreislauftheoretischen Ansatz* verstehen wir das Weltwirtschaftssytem als ein *mehrfach wechselabhängiges Kreislaufsystem*, bei dem jeder Kreislauf abgebend und aufnehmend mit jedem anderen Kreislauf entweder direkt oder vermittelt über den Bankenkreislauf verbunden ist. Auf abstraktester Ebene lässt sich dies in folgendem *Kreislaufmodell* darstellen:

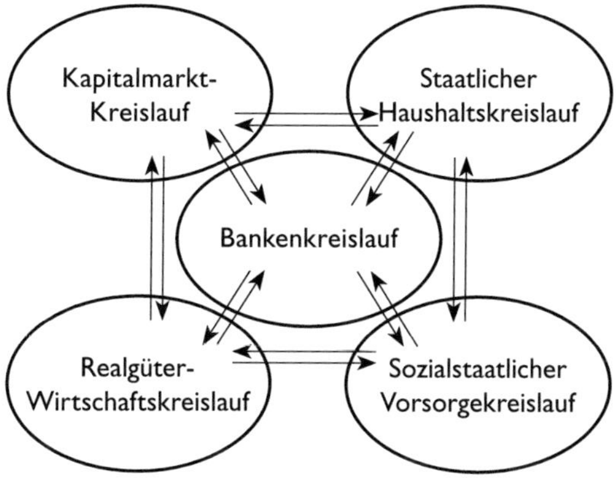

Das Kreislaufmodell bedarf der vierfachen Erläuterung:

1. Es handelt sich um ein *Modell der maßgeblichen Finanzkreisläufe*. Hinsichtlich des (Welt-)Kapitalmarktes bedarf dies keiner weiteren Erläuterung außer dem Hinweis auf *die Dimension der Kapitaltransfers* – auch in ihrem Verhältnis zu der Umsatzhöhe der anderen Kreisläufe, insbesondere zum Kreislauf der Realgüterwirtschaft.

   Stellt man auf das Gesamtvolumen aller Handelsumsätze zwischen allen Volkswirtschaften weltweit ab, landet man bei einer Größenordnung von knapp drei Billionen Euro *in einem Jahr* – einer Größenordnung, die im Welt-Kapitalmarkt *in wenigen Tagen* umgesetzt wird. Aber auch wenn man nicht auf die Welt-*Handelsumsätze* abstellt, sondern auf den Wert der Gesamtheit aller in der Welt produzierten Güter und erbrachten Dienstleistungen *in einem Jahr,* so setzt der Kapitalmarkt noch mehr als das Zehnfache um. Allein dieser Unterschied in den Größenordnungen macht schon deutlich, dass der Kapitalmarkt eine immense Bedeutung für die anderen Kreislaufmärkte und insbesondere auch für den Kreislauf der Realgüterwirtschaft hat – und damit notwendig auch ein hochgradiges Störpotential darstellt.

Der *sozialstaatliche Versorgungskreislauf* ist als gesonderter Kreislauf darzustellen, da er inzwischen in einigen Ländern eine Größenordnung erreicht hat, die ein Mehrfaches des staatlichen Jahreshaushalts ausmacht. So stand beispielsweise in Deutschland 2009[33] einem Bundesjahreshaushalt von ca. 280 Mrd. Euro ein Sozialhaushalt (die Summe aller Leistungen aus der Renten-, Kranken-, Arbeitslosen und Pflegeversicherung plus Hartz IV-Aufwendungen) von 754 Mrd. Euro gegenüber – dies macht mehr als das Doppelte des Bundeshaushalts und etwa ein Drittel des gesamten Bruttoinlandsprodukts aus.

Auch hier ist es die schiere Größenordnung, die enorme Gefahrenpotentiale aufscheinen lässt: So würde ein Einbruch der Einnahmen der Sozialversicherungsträger um nur zehn Prozent bei gleichzeitiger Erhöhung der Ausgabenlast infolge zunehmender Arbeitslosigkeit leicht einen dreistelligen Milliardenbetrag ausmachen – eine Summe, die aus öffentlichen Mitteln zusätzlich zu den Milliardenlasten zur Überwindung der Weltfinanzkrise und zusätzlich zum Ausgleich sonstiger erwartbarer Belastungen aufgebracht werden müsste.

2. Da es sich um Finanzkreisläufe handelt, *steht die Transferfunktion der Banken im Mittelpunkt des Systems.*

   Damit kann es keinen Zweifel geben, dass das Bankensystem *insgesamt* „systemrelevant" ist. Inwieweit und unter welchen Voraussetzungen dies auch *für eine einzelne Bank* gilt, bleibt dabei zunächst noch offen. Jedenfalls wird schon von hier aus erkennbar, dass Turbulenzen und Insolvenzen von Banken das gesamte System beeinflussen *müssen*. Und es ergibt sich auch die Frage, ob ein für das gesamte System so immens wichtiges Zentralsystem weiterhin wie eine Großkäserei als Element der „freien Wirtschaft“ eingestuft werden darf.

3. Schließlich ist das Verhältnis der Kreisläufe zueinander als ein solches der Wechselabhängigkeit zu verstehen: Jeder Kreislauf hängt (zu einem mehr oder weniger großen Teil) von jedem anderen Kreislauf ab; jeder Kreislauf führt jedem anderen Kapitalwerte zu und nimmt von jedem anderen Kapitalwerte auf.

   Diese wechselseitige Verzahnung der Kreisläufe führt notwendig dazu, dass *Kreislaufstörungen* in einem der Kreisläufe nachteilige bis zerstörerische Auswirkungen auf die anderen Kreisläufe haben (können). *Damit wird die Erhellung der interzirkulären Störungswirkungen zum Zentralthema des kreislauftheoretischen Ansatzes.*

   Hierbei müssen wir – als ein Ergebnis des systemtheoretischen Diagnoseverfahren in Kapitel 5 – der Einsicht Rechnung tragen, dass die Folgen der Einwirkung eines Wertkreislaufs auf einen (oder mehrere) andere(n) Wertkreisläufe als nichtlinearer Systeme in einem breiten Einwirkungskorridor unvorhersehbar ist – nämlich zwischen der Scylla des totalen Ausfalls einer Einwirkung und der Charybdis der Störüberflutung: Es ist bei Einwirkungen in diesem „Mittelkorridor“ sowohl möglich, dass Störeinwirkungen gar keine negativen Folgen auf den betroffenen Kreislauf haben (etwa weil die Einwirkungsintensität unterhalb der systemspezifischen Reaktionsschwelle liegt oder weil das betroffene System im Wege kompensatorischer Selbsterhaltungsreaktionen die Störeffekte ausgleicht) oder aber das betroffene System zeigt – im Verhältnis zur Einwirkung – ganz überproportionale Störreaktionen (etwa weil durch dic Störung Latenzspannungen oder sich bereits aufbauende Verwerfungen im System zur Manifestation gebracht werden – womit die Störungseinwirkung also zum berühmten Tropfen wird, der das Fass zum Überlaufen bringt).

   Nimmt man noch hinzu, dass gleichzeitig oder nacheinander unterschiedliche Störwirkungen von einem Kreislauf auf den oder die anderen ausgehen können, befindet sich auch der um ernsthafte Erkenntnis bemühte Analyst in der irritierenden Nachbarschaft einer jener buckligen Damen mit geschulterter Katze, die vorgeblich aus der Glaskugel die Zukunft zu lesen vermögen.

   Exakt dies ist aber der Denkort des Analysten der Welt-Systemkrise und ihrer Folgen, denn: Der Kapitalkreislauf als Hauptstörungsquelle dieser Krise hat sich sowohl von den komplementär verkoppelten Wertkreisläufen abgelöst, wie er durch massiven Kapitalentzug negative Störeffekte insbesondere auf die Kreisläufe der Realgüterwirtschaft und der öffentlichen Haushalte, und – zeitlich versetzt – auf die Kreisläufe des Arbeitsmarktes und der Vorsorgesysteme ausgelöst hat und weiter auslösen kann.

4. Das Eingeständnis der konstitutiven Ignoranz hinsichtlich der Erkenntnis der Zusammenhänge zwischen den Störwirkungen *im einzelnen* zwingt uns zu *vergröbernden Aussagen* hierzu.
   Dabei gehen wir von einer Beobachtung aus, die man als *das Gesetz der Wertrelationen* bezeichnen könnte. Das *Gesetz der Wertrelationen* besagt zum einen, dass der in Wertpapieren *angezeigte* Wert nicht außer Verhältnis zu dem *tatsächlichen* Wert stehen darf, der in ihm verkörpert ist. Es besagt zum zweiten, dass das eingespielte Verhältnis der in den verschiedenen Wertkreisläufen bewegten Wertmengen zueinander eine entscheidende Bedeutung für die Funktionsfähigkeit des Gesamtsystems hat. Bricht man in einem der Wertkreisläufe in eklatanter Weise ohne finanzwirtschaftliche Sachgründe aus den Wertrelationen zu den anderen Kreisläufen aus, so wird hierdurch eine Störung des Gesamtsystems bewirkt.

Gegen das Gesetz der Wertrelationen in diesem doppelten Sinn haben die Kapitalmarkt-Transakteure aber in höchst zerstörerischer Weise verstoßen, indem sie den Kapitalmarkt mit Derivat-Derivaten, unseriösen Wettpapieren und sonstigen in ihrer Werthaltigkeit undurchschaubaren Papieren und Konglomeraten dieser Papiere in der unvorstellbaren Höhe von über 600 Billionen Dollar, also von über sechshunderttausend Milliarden Dollar (!), weltweit überschwemmt haben.

Damit war nicht nur jede überhaupt noch vertretbare Relation zwischen den in diesen Papieren ausgewiesenen und den von ihnen tatsächlich repräsentierten Werten gesprengt, sondern es war auch jede finanzwirtschaftlich begründbare Relation der im Kapitalkreislauf gehandelten Gesamtmenge an ausgewiesenen Werten zu den anderen Wertkreisläufen verlassen; der in seiner *Dienstfunktion* für die Realgüterwirtschaft und die anderen Wertkreisläufe zu sehende Kapitalmarkt hatte sich aus dem verzahnten Gesamtsystem der Wertkreisläufe entkoppelt und so deren Funktionsfähigkeit unterminiert und eine Zerstörungswirkung entfaltet, die nur durch staatliche Interventionen (zum Teil) kompensiert werden konnte.

Die Kapitalmarktakteure, die diese gigantische Wertblase in die Welt gesetzt hatten, haben dabei nicht nur gegen alle Grundsätze finanzwirtschaftlicher Seriosität verstoßen, sie haben nicht „nur" die elementaren Grundsätze verantwortungsethischen Handelns aus dem Blick verloren, sondern auch die Lehren der Finanzgeschichte ignoriert:

Seit die ersten Unternehmensanteile vor etwa 400 Jahren gekauft und verkauft wurden, sind immer wieder Wertblasen, vor allem als Spekulationsblasen, produziert worden, die immer wieder ebenso gesetzmäßig geplatzt sind, wie sie aus spekulativem Eigennutz entstanden waren. Diese historisch wiederholt bestätigte Erfahrung lässt sich in den Satz fassen: *Je höher die (Pseudo-)Werte schießen, desto wahrscheinlicher wird ihre Vernichtung, und: Je schneller die (Pseudo-)Werte hoch schießen, desto schneller erfolgt auch ihre Vernichtung.*

Und: Immer wieder sind Produzenten von Wertblasen durch die von ihnen selbst verursachte Wertvernichtung auch in ihrer Selbstvernichtung mit betroffen worden – so auch diesmal, und zwar in einem Ausmaß, der ebenfalls mit dem alle Maßstäbe sprengenden Ausmaß der in hemmungslosem Eigennutz produzierten Spekulationsblase korrespondiert.

Der englische Diplomat *Sir Harold Nicholson* hat einmal im Hinblick auf das Schicksal unbeschränkter Macht geäußert *„Power tends to corrupt, absolute power tends to corrupt absolutely."* Analog hierzu könnte man das *Selbstvernichtungsgesetz überhöhter Werte* so fassen: *„Assets tend to deteriorate, absolute assets tend to deteriorate absolutely."*

7.
Das System der kollusiven Selbstbereicherung: Wie Banken und andere Finanzmarkttransakteure im Zusammenspiel mit Ratingagenturen und Versicherern die Anleger täuschen

Der Urknall der Welt-Systemkrise auf dem Finanzmarkt wurde durch ein *System kollusiver Selbstbereicherung* ausgelöst: Im verdeckten Zusammenspiel der Haupt-Finanzmarkttransakteure mit den Ratingagenturen und Großversicherern haben die Beteiligten ein System zur Nutzung des Finanzmarktes entwickelt und praktiziert, das ihnen unabhängig von realen Werten ermöglicht, *fiktives Kapital* in unermesslicher Höhe zu generieren. Durch die Transaktion dieser *Scheinwerte* haben sie jedoch *höchst reale Gewinne* für sich selbst in exorbitantem Umfang erwirtschaftet.

Dieser Missbrauch nahezu unkontrollierter finanzwirtschaftlicher Freiheiten hat sogar einen geografisch-lokalen Ursprungsort, nämlich *Downtown Manhattan*: Hier hatten und haben – soweit sie den von ihnen ausgelösten Finanz-Tsunami überlebt haben – sowohl die (nun umgewandelten) Investmentbanken ihren Sitz, die die Welt mit „strukturierten Wertpapieren", sogenannten *Collateralized Dept Obligations – CDO,* überschwemmt haben, in denen sie in nicht nachvollziehbarer Weise wertlose Hypothekenpapiere mit anderen Unwertpapieren gemischt haben, weiterhin als sog. *Re-Remics* mischen und tatsächlich auch weiterhin mit Riesengewinnen verkaufen. Und hier in Downtown Manhattan hat auch das *„Trio Infernale"*[34] seinen Sitz, nämlich die Rating-Agenturen *Standard&Poor's, Moody's* und *FitchRatings,* die mit 14.000 Mitarbeitern 95 Prozent des Rating-Marktes im Griff haben und die mit ihren *Triple-A-Ratings* selbst für wertlosen CDO-Schrott die Attraktivität und damit die weltweite Verkaufsmöglichkeit dieser Papiere ermöglicht haben, und es hat hier *„Die gefährlichste Firma der Welt"*[35] ihren Sitz, nämlich die 1919 in Shanghai gegründete Versicherung *American International Group (AIG).* Die AIG hat mit ihren von der Stange gelieferten Ausfallversicherungen für diese bonds (in Höhe von insgesamt 562 Milliarden Dollar) den Vertrieb dieser Papiere ebenso nachhaltig unterstützt hat wie die Rating-Agenturen mit ihren verkaufsfördernden Ratings – wähnten sich doch die Käufer solcher Schrottpapiere durch die von der AIG (gegen satte „Gebühren") ausgegebenen *Credit Default Swaps – CDS* gegen etwaige Wertverluste dieser Papiere hinreichend abgesichert: *„Was mit faulen Krediten für amerikanische Einfamilienhäuser begann, war ein System, das auf Wahn gründete, auf dem Wahn, größtmögliche Gewinne mit geringstem Risiko erzielen zu können. Und AIG glaubte, den Wahn auch noch versichern zu können. Gibt es eine Steigerung von Wahnsinn?"*.[36]

Inzwischen ist die AIG für 182 Milliarden Dollar Staatshilfe zu vier Fünfteln verstaatlicht worden, um sie einigermaßen geordnet abzuwickeln und um zu verhindern, dass dabei die ganze Weltwirtschaft in den Abgrund gerissen wird.[37]

In der Tat bleibt man mit der beunruhigenden Frage zurück, *„wie nahe sich der globale Kapitalismus und gut organisierte Kriminalität in diesen Jahren eigentlich waren"*.[38] Und man fragt sich auch, was etwa aus der Maxime des ersten Präsidenten der USA, *George Washington,* geworden ist, der 1789 verkündete: *„Kein Volk ist stärker verpflichtet, die unsichtbare Hand Gottes anzuerkennen, die die Geschichte der Menschen lenkt, als die Vereinigten Staaten. Jeder Schritt, der uns dem Charakter einer unabhängigen Nation näher gebracht hat, scheint herausgehoben zu sein durch ein Zeichen des Handelns der Vorsehung."*

Und wenn sein 27. Nachfolger, *Präsident Woodrow Wilson,* über ein Jahrhundert später ganz im Sinne *Washingtons* überzeugt war, *„dass Amerika ... das unermessliche Privileg (hat), sein Schicksal zu erfüllen und die Welt zu retten"*, so muss man sich auch hier fragen, wie er wohl über den Missbrauch amerikanischer Finanzmacht geurteilt hätte, der die Welt fast in den Abgrund gestürzt hat.[39]

7.1 Von der leichtfertigen Spekulation über die verantwortungslose Risikoentsorgung zur gemeinschaftlichen Anlegertäuschung

Die Verwerfungen auf dem Welt-Finanzmarkt, die die Welt-Systemkrise ausgelöst haben, stellen sich in der nachträglichen Diagnose als ein Schliddern auf einer schiefen Ebene der zunehmenden Missachtung elementarer finanzwirtschaftlicher Gesetzmäßigkeiten und Erfahrungen und des Moralverlustes dar. Es begann mit der leichtfertigen Spekulation auf dem amerikanischen Immobilienmarkt, setzte sich fort in der verantwortungslosen Risikoentsorgung unsicherer Papiere und endete in der gemeinsamen Anlegertäuschung im größten Stil:

Es ist bekannt, dass der Ursprung der Verwerfungen in der leichtfertigen Vergabe von *subprime loans*, insbesondere durch Immobilienfinanzierer wie *Freddie Mac* und *Fannie Mae*, an Hauskäufer zu finden ist, die entweder ein zu niedriges und/oder ein ungesichertes Einkommen hatten und/oder durch schlechte Zahlungsmoral gekennzeichnet waren. Diese Menschen waren auf Lockangebote der Banken mit variablen Zinssätzen hereingefallen, was wegen einer ihnen günstigen Doppelentwicklung nachvollziehbar ist: Zum einen betrieb die amerikanische Notenbank unter der Leitung von *Alan Greenspan* eine Niedrigstzins- und zugleich expansive Geldmengenpolitik, zum zweiten stiegen die Grundstückspreise ständig und in einem Ausmaß, dass selbst Hauskäufer mit ungesichertem oder für die Höhe der Hypothekenbelastung zu niedrigem Einkommen davon ausgehen konnten, durch einen Verkauf ihrer Häuser nicht nur die Hypothekenschulden begleichen zu können, sondern dabei sogar noch einen Schnitt zu machen.

Mit dem Verfall der Grundstückspreise kam dann das böse Erwachen; ein erheblicher Teil der Hypothekenschulden konnte nicht mehr bedient werden, und entsprechend sank der Wert der hypothekarisch gesicherten Schuldverschreibungen.

Immerhin: Bis zu diesem Entwicklungsstand ging es einmal um ein rein inneramerikanisches Problem, und zum anderen hatte das im Umkreis dieser Immobiliengeschäfte zu besichtigende Verhalten der Kreditinstitute zwar den Anstrich des Leichtfertigen, aber noch nicht den Hautgout des finanzwirtschaftlich ganz und gar Unseriösen oder gar Unmoralischen. Beides änderte sich, als (in erster Linie) die zu Zeiten der Welt-Wirtschaftskrise Anfang der Dreißigerjahre erst gegründeten Investmentbanken auf die Idee kamen, diese in ihrer Werthaltigkeit hoch problematischen Papiere mit anderen Papieren zusammen zu schnüren und als so genannte *Collateralized Debt Obligations* mit hohen Renditesätzen international zu vertreiben.

Hierbei halfen ihnen ihr guter Name, die guten bis exzellenten Ratings der Papiere und die Ausfallversicherungen, insbesondere bei der AIG. Wer wollte da nicht zugreifen: Hohe Renditeerwartungen bei (vermeintlich) absoluter Sicherheit, ausgegeben von (vermeintlich) hoch seriösen, international arbeitenden Bankhäusern?

Dass die Bankhäuser den Verkauf dieser komplizierten Papiere in Fonds ausgelagert hatten, so dass ihre Bilanzen durch die immensen Verbindlichkeiten, die in diesen Papieren verbrieft waren, nicht belastet wurden, störte die Kaufinteressenten vor allem deshalb nicht, weil ja ihre Ausfallwahrscheinlichkeit von den hoch renommierten Rating-Agenturen *Standard&Poor's* oder *Moody's* oder *FitchRatings* geprüft und ausweislich der erteilten exzellenten Ratings für vernachlässigenswert eingestuft worden war.

Wie allerdings diese Ratings zustande gekommen waren, darüber waren sich offenbar auch die Experten der Banken nicht im Klaren. So wussten sie offenbar nicht, haben jedenfalls nicht wahrhaben wollen, unter welchen Bedingungen die Rating-Agenturen ihre Ratings in die Welt setzen. Da ist zum einen die ungeheuerliche Grundtatsache zu notieren, dass diese Rating-Agenturen komplett private Unternehmen sind, die so gut wie keiner öffentlichen Kontrolle unterliegen – und das, obwohl schon Mitte der Dreißigerjahre die amerikanischen Finanzkontrolleure ihren Banken vorgeschrieben hatten, ausschließlich Wertpapiere mit guter Bewertung durch eine Rating-Agentur zu halten – womit den Rating-Agenturen eine quasi-offizielle Funktion zugewiesen wurde:

> *„Fortan durften die Geldhäuser nur besitzen, was die Rating-Agenturen für sicher hielten.*
>
> *Harmlos klingt das – doch es war der Sündenfall. Denn mit diesem Schritt wurden Teile der Finanzaufsicht an profitorientierte Privatfirmen ausgelagert. 1975 verstärkte die US-Börsenaufsicht SEC den halboffiziellen Status der Branche noch. Sie ernannte ausgewählte Agenturen zu „national anerkannten statistischen Rating-Organisationen". Ab da waren fast nur noch solche Wertpapiere für Investoren interessant, die eine Note von S & P, Moody's oder Fitch hatten. Kleinere Agenturen wurden bedeutungslos.*
>
> *Ein Oligopol war geboren. An den großen drei kam in der Folge keine Firma, keine Gemeinde und kein Staat mehr vorbei. Bald gab es Vorschriften, dass auch Fonds nur noch mindestens mit der Note A bewertete Papiere kaufen dürfen. So wurden die Ratings in den siebziger Jahren immer mehr zu einer Art Gütesiegel.*
>
> *Just in dieser Wachstumsphase änderten die Agenturen ihr Bezahlmodell – nicht zuletzt, weil ihre Expertisen durch das Aufkommen der Fotokopierer heimlich weiterverbreitet wurden. Statt wie bis-*

lang den Käufern einer Anleihe eine Gebühr zu berechnen, ließen sie sich fortan vom Emittenten entlohnen.“[40]

Insbesondere die Bezahlung vom Emittenten statt wie bisher vom nachfragenden Investor hat die Abhängigkeit und das Einschätzungs-Verhalten der Rating-Agenturen nachhaltig geändert: Waren sie früher – zum Schutz ihrer Abnehmerkunden – eher vorsichtig in der Einschätzung der Qualität der jeweils fraglichen Papiere, so wollen sie heute vorrangig dem sie beauftragenden und bezahlenden Emittenten durch möglichst gute Ratings zu einem Verkaufserfolg verhelfen.

Diese Abhängigkeit und Willfährigkeit der Rating-Agenturen haben auch die Emittenten begriffen: Bekommen sie nicht von S & P das gewünschte Triple-A für ihr Produkt, gehen sie zu Moody's: Man nennt dies *Rating-Hoppen und –Shoppen.* Die Kollusion geht hier sogar so weit, dass die Rating-Agenturen bereits bei der Konstruktion der „strukturierten Papiere“ durch Hinweis auf Rating-günstige Elemente mitwirken, kurzum: Die so entstandenen Ratings sind inhaltlich wertlos, ermöglichen aber den Verkauf der verschachtelten Papiere. Damit haben diese Ratings für die Investmentbanker einen außerordentlich hohen Wert, so dass sie hierfür auch hohe Preise zu zahlen bereit sind.

Damit war die höchste Stufe der Anlegertäuschung erreicht – und aus einem anfangs rein inneramerikanischen Problem ein globales Problem geworden.

Balzli/Schiessl/Schulz weisen in ihrem Artikel[41] noch auf ein menschlich-allzumenschliches Element im Ursachensyndrom der Verschwörung zur Selbstbereicherung in Downtown Manhattan hin, nämlich auf einen *„nagenden Minderwertigkeitskomplex“* bei den Funktionären der Rating-Agenturen, die von den erfolgreichen, alphamännlichen Boni-Jägern der Bankenwelt in der Hackordnung der Wall Street als buchhalterische, risikoscheue Beta-Typen ohne Unternehmergeist angesehen wurden. Als die strukturierten Papiere, die ohne die Triple-A-Ratings schlicht unverkäuflich waren, ab 2003 in einer Höhe von einer Billion Dollar pro Jahr den Markt überschwemmten, *„rissen sie die bodenständigen Notengeber mit in den Größenwahn. Plötzlich waren die Ärmelschoner-Typen Co-Stars“*.[42]

Wie unstimmig – um nicht zu sagen verlogen – das Selbstverständnis der Rating-Agenturen ist, zeigt sich in ihrer juristischen Verteidigungsstrategie in den Prozessen, die von potenten Anlegern gegen sie wegen immenser Wertverluste von Papieren mit ursprünglichen Triple-A-Ratings angestrengt wurden: Während die Agenturen bei den für sie hochprofitablen Ratings wie selbstverständlich ihre quasi-offizielle Beleihung mit Rating-Kompetenz in Anspruch nahmen, verstecken sie sich nun hinter ihrem Recht auf freie Meinungsäußerung: Wie etwa auch Journalisten, so ihre Argumentation, äußerten sie mit den Ratings nur *ihre Meinung* über den Wert von Papieren oder Papiertranchen, und deshalb könnten sie auch nicht dafür haftbar gemacht werden, wenn eine solche Einschätzung einmal nicht zutreffe:

So lange es um das Geldverdienen geht, ist jede Autorisierung recht; wenn es um die Verantwortung für die in Anspruch genommene quasi-öffentliche Funktion geht, verwandelt man sich in einen harmlosen Meinungsbürger, der keinen Einfluss darauf hat, welchen Stellenwert seine *Meinung* für andere hat.

Auch deutsche Banken sind der kollusiven Täuschung ihrer amerikanischen Kollegen auf den Leim gegangen und haben für Milliarden diese Schrottpapiere erworben und mit ihrem Weiterverkauf – zunächst – bonusträchtige Rekordgewinne erzielt. Welche verheerenden Wirkungen die *„amerikanische Krankheit“* dann auf das deutsche Bankensystem hatte, lässt sich nur vor dem Hintergrund der nun kurz zu skizzierenden Entwicklung des deutschen Bankwesens nach dem Zweiten Weltkrieg ermessen.

7.2 Die zerstörerische Rolle der Banken: Wie aus den „Präfekten der deutschen Wirtschaft“ desorientierte Finanzbasardeure wurden

Fragt man sich zunächst einmal, was die aus der ursprünglichen Kapitalmarktkrise mit Turbogeschwindigkeit erwachsene Weltsystemkrise von allen vorangegangenen Wirtschaftskrisen nach dem Zweiten Weltkrieg unterscheidet, so ist die Antwort auf abstrakter Ebene sehr einfach: Die „Krisen“ von 1967/68, die Ölpreiskrisen von 1973 und 1977 und spätere Dellen in der wirtschaftlichen Entwicklung waren eher harmlose, im zyklischen Verlauf der Konjunkturen geradezu normale *Konjunkturkrisen.* Auch das Platzen der *Dot.Com-Blase* am Anfang dieses Jahrzehnts löste zwar eine sektorale (nämlich im Wesentlichen auf den Handel mit Werten der

„neuen Ökonomie" begrenzte) Kapitalmarktkrise aus; aber auch sie ließ Existenz und Geschäftsaktivitäten der Banken in den bisherigen Bahnen weiterlaufen: Die Banken überspannten den Abgrund der horrenden Wertverluste an den Kapitalmärkten in souveräner Unangetastetheit.

Ganz anders die Betroffenheit der Banken bei der gegenwärtigen *Weltsystemkrise:* Sie wurde nicht nur durch (in erster Linie amerikanische Investment-)Banken *ausgelöst und* dann durch Banken weltweit *verbreitet* – die Banken sind diesmal auch durch die von ihnen verursachte Krise *selbst betroffen.*

Nichts macht den Unterschied zwischen herkömmlichen Konjunkturkrisen und der gegenwärtigen Weltsystemkrise so deutlich wie die in ihr mittaumelnden Banken, von denen mehrere infolge dieser Krise entweder durch Insolvenz vom Bankenmarkt gänzlich verschwunden sind, von anderen Banken oder vom Staat übernommen oder in beispiellosen Notrettungsaktionen – als *„systemrelevant"* eingestuft – von den Staaten mühsam am Leben gehalten werden. Ähnlich betroffen sind einige der anderen Finanzvorsorge-Institutionen, nämlich *Versicherungen,* die ebenfalls von früheren Wirtschaftskrisen kaum betroffen waren.

Wegen dieser in jeder Hinsicht besonderen Rolle der Banken in der Welt-Systemkrise, vor allem aber wegen der Gefahr der Wiederholung einer so tief greifenden Krise – wieder aus dem Fehlverhalten von Banken –, müssen wir die Situation der Banken vor dem Hintergrund ihrer Entwicklung und vor allem im Hinblick auf die erkennbare Wiederholung ihres krisenauslösenden Fehlverhaltens einer gesonderten Analyse unterziehen.

7.3 Die Rolle der Banken im deutschen Wirtschaftswunderland

Die Entwicklung einer dynamischen Wirtschaft im Nachkriegsdeutschland, die weitgehende Realisierung des *Erhardschen* Versprechens vom *„Wohlstand für Alle"* (auch als ökonomischem Unterfutter für die Bejahung und Ausprägung der Demokratie in unserem Land) hat viele Gründe und Ursachen. Eine dieser Ursachen war die mehrfunktionale positive Rolle der deutschen Banken:

Sie sorgten nicht nur für eine vernünftige Geldversorgung der deutschen Unternehmen (aller Größenordnungen!) und stimulierten zusätzlich durch Privatkredite die Nachfrage, sondern sie dirigierten so Investitionsströme und stellten dadurch (soweit das auf nationaler Ebene möglich war) die Funktionsfähigkeit eines Kapitalmarkts sicher, der allen diente. Außerdem trugen sie auch (über Tausende von Aufsichtsratsposten und ein unsichtbares Beziehungsgeflecht in die Wirtschaft hinein) die Mitverantwortung für eine im Großen und Ganzen erfolgsgekrönte Unternehmens- und Wirtschaftsentwicklung.

Darüber hinaus hatten sie über vielfältige Institutionen der Kultur- und Sportförderung, durch Unterstützung regionaler Projekte und von Aktivitäten in sozialer Verantwortung eine gesellschaftspolitische Mitverantwortung übernommen – kurzum: Die Banken waren die finanzpolitischen Spinnen im ökonomischen Netz des *rheinischen Kapitalismus,* weshalb sie auch voller Achtung und mit vollem Recht den informellen Ehrentitel der *„Präfekten der deutschen Wirtschaft"* erhalten hatten.

7.4 Zeichen des Niedergangs

Aber: Für die meisten Menschen unsichtbar und in seiner Tragweite auch in Bankkreisen kaum erkannt, mehrten sich die Anzeichen eines fatalen Funktionswandels der Banken, der zu einem nachhaltigen Niedergang ihrer ökonomischen Direktionsfunktionen führte.

Dieser Funktionswandel lässt sich an vier Phänomenen ablesen: der *Bürokratisierung* des Bankbetriebs, seiner *Kundenentkoppelung,* der nachhaltigen *Verunsicherung der Bankenmitarbeiter* und der *Krisenbetroffenheit* der Banken selbst. Und es ist wichtig zu erkennen, dass die ersten drei Phänomene schon in den letzten zwei Jahrzehnten *vor* der gegenwärtigen Welt-Systemkrise erkennbar waren; sie sind allerdings durch diese Krise nachhaltig verstärkt und für jedermann manifest geworden.

Die nachhaltigste Unterminierung der Aufgaben und des Selbstverständnisses der Banken (welches fortan ein gespaltenes war), ist dadurch eingetreten, dass die Banken zunehmend als *staatliche Hilfsagenturen bei der Steuereintreibung und Kriminalitätsbekämpfung und im europäischen Kontext als Wettbewerbshüter* fungieren mussten.

Das Geldwäschegesetz, die Bestimmungen über die sogenannte Quellensteuer (wonach schon die Banken selbst bei der Zinsbesteuerung die Überweisung der bei ihren Kunden fälligen Steuerbeträge für Zinseinnahmen an die Finanzämter vorzunehmen haben), Vorschriften über Informationspflichten der Banken, die Aushöhlung des Bankgeheimnisses und andere Kontroll-Regelwerke hatten zur Folge, dass die Banken zunehmend staatlichen Behörden zuarbeiteten.

Schon dieser Aufgabenwandel hatte in doppelter Hinsicht, nämlich für Aufgabenwahrnehmung und Selbstverständnis der Banken, verheerende Folgen: *Bei der Wahrnehmung* ihrer Aufgaben trat mehr und mehr die Erfüllung der staatlichen Hilfsaufgaben in den Vordergrund – und verdrängte damit zunehmend auch sporadisch wagemutiges, aber doch verantwortungsbewusstes Handeln, insbesondere in der Praxis der Kreditvergabe. So wurde *das Selbstverständnis* der ökonomisch-produktiv agierenden Banken und „Banker" mehr und mehr zu Lasten eines Selbstverständnisses der staatstreuen Gesetzesausführer verdrängt: An die Stelle von Unternehmergeist und kundenorientierter Servicegesinnung traten Elemente staatlicher Kundenkontrollverpflichtung und weisungsabhängiger Verwaltungsroutine.

Dieser Wandel in der (objektiven) Aufgabenwahrnehmung und – vielleicht mehr noch – im (subjektiven) Selbstverständnis der Leiter und Mitarbeiter von Banken hatte zwei schlimme Folgen: Zum einen war der erste Keil zwischen die Banken und ihre Kunden getrieben, und zum zweiten durchwebte zunehmend Unsicherheit über ihre eigentlichen Aufgaben und über den Umgang mit ihren Kunden das Verhalten der Banken, die verständliche Schwierigkeiten mit ihren neuen Aufgaben hatten.

Außerdem gerieten diejenigen Banken in Konflikt mit ihren staatlichen Hilfsaufgaben, die – wie nahezu jede größere Bank – Auslandsfilialen in hierfür geeigneten Ländern betrieben – mit dem stillschweigenden Ziel, ihren Kunden bei der Kapitalflucht und Steuerhinterziehung Hilfestellung zu leisten, also *gegen* ihre gesetzlichen und moralischen Verpflichtungen als staatliche Hilfsagenturen zu handeln.

Es ist nicht auszuschließen, dass aus dieser Konfliktsituation die verunsichernde Ambiguität im Selbstverständnis der Banken verstärkt und die Unsicherheit darüber gewachsen ist, was sie dürfen oder nicht dürfen und wo die unübersteigbaren Grenzen seriösen

Geschäftsgebarens liegen, so dass sie später – auch in einem fatalen *Cosi fan tutte* befangen – in ihrer Wertsolidität nicht mehr durchschaubare Papiere aus moralisch ungezügelter Gewinnsucht an den Mann oder an die Frau brachten.

Diese problematische Entwicklung wurde durch drei Elemente massiv verstärkt: die Angst vor *Darlehensausfällen* (das sogenannte *Schneider-Syndrom*), die Angst vor *Arbeitsplatzverlusten* und die nicht erkannten schädigenden *Folgen der* sogenannten *Basel-Richtlinien der EU* über die Eigenkapitalausstattung der Banken und deren Sicherung.

7.5 Das „Schneider-Syndrom" und andere Ängste

Im Zeichen immer neuer Konjunkturtäler und damit zunehmender Unternehmensinsolvenzen mehrten sich auch sehr nachhaltig die Darlehensausfälle bei den Banken. Hier ging es nicht nur um kleine und mittlere Unernehmen, sondern auch um medienwirksame Großpleiten wie die des Groß-Bauinvestors Schneider. Die Banken neigten deshalb zunehmend zu großer Vorsicht bei der Kreditvergabe, wobei sie in Überkompensation eigener Unvorsichtigkeiten (gerade im Fall Schneider) in einen Kurs ängstlicher Restriktivität bei der Kreditvergabe verfielen: Kein Bankmitarbeiter wollte sich von seinem Vorgesetzten Leichtfertigkeit vorwerfen lassen.

Inzwischen hatten auch die Banken, um Kosten einzusparen, über hunderttausend Stellen gestrichen, so dass sich viele Bankmitarbeiter unter dem Damoklesschwert des Arbeitsplatzverlustes sahen – und auch aus diesem Grund doppelt vorsichtig agierten. Im Vordergrund stand (und steht) für sie der Erhalt des eigenen Arbeitsplatzes und nicht die Serviceverpflichtung gegenüber dem Kunden. Der Keil zwischen den Banken und ihren Kunden wurde tiefer getrieben. Nimmt man hier die Folgen bankinterner Rationalisierungsmaßnahmen hinzu, die sich etwa in der Reduktion und Konzentration einzelner Funktionen in Zentralstellen und obskuren *backoffices* und in leer gefegten Schalterhallen zeigt, wird die zunehmende Kundenferne auch organisatorisch erkennbar.

Die erhielt einen weiteren Schub durch die *Basel-Bankenrichtlinien der EU*, die insbesondere (zur Abwehr von *Schneider*-Effekten) die Entscheidung über die Kreditvergabe anderen Personen und Instanzen auferlegte als denen, die im unmittelbaren Kundenkontakt standen. Dadurch entstand für den kreditsuchenden Kunden eine „kafkaeske“ Situation: Er konnte seine Argumente für einen Kredit nicht mehr bei den eigentlich Entscheidenden vorbringen; vielmehr entschieden die nun „nach Aktenlage“ und nach generell vorgegebenen Richtlinien. Damit war die Trennung von Kunde und Bank nun „perfekt“: Der Kunde war einer anonymen Entscheidung ausgeliefert, gegen die er auch keine Möglichkeiten der Remonstration hatte.

Weiter verstärkt wurde die Entkoppelung vom Kunden als dauerhaftem, von den Banken in *ihrem eigenen* wirtschaftlichen Interesse zu beratenden Dauerpartner durch die zunehmende Behandlung der Kunden als Abnehmer von Finanz(handels)produkten: Damit standen nicht mehr die wirtschaftlichen Interessen *der Kunden* im Vordergrund, sondern *der Profit der Banken und das Interesse der Bankmitarbeiter, ihre Boni zu erhöhen.*

Diese absolute Priorität der Profitinteressen der Banken vor den wirtschaftlichen Interessen der Kunden führte zu einer verstärkten Selbstbezogenheit der Banken, die den Kunden in erster Linie als Profitbeiträger und nicht als Partner einer vertrauensvollen Zusammenarbeit zu beiderseitigem Nutzen sahen und sehen.

7.6 Taumelnd in der Weltsystemkrise

Alle diese skizzierten, problematischen Entwicklungen im Aktionsbild der Banken waren bereits *vor* der Weltsystemkrise zu beobachten; sie sind aber durch diese massiv verstärkt worden.

Der Anteil der Banken am Entstehen und Ausbreiten der Krise sowie – abschließend betrachtet – ihre Unfähigkeit, nachhaltig zur Überwindung der von ihnen selbst ausgelösten Krise beizutragen, offenbaren Fehlorientierungen in ihrem Geschäftsgebaren und Selbstverständnis.

Entstehen und ausbreiten konnte die Krise sich ja nur, weil alle Sicherungs- und Kontrollmechanismen versagt hatten. Da ist als erstes eine deprimierende Unterbilanz in der Fähigkeit der Banken festzustellen, die Unseriosität ihrer den Kunden im großen Stil angedrehten Schrottpapiere zu erkennen. Oder aber – was fast noch schlimmer wäre – sie haben (jedenfalls später) die Problematik dieser Leerpapiere erkannt, *sie aber dennoch weiter an ihre Kunden empfohlen und verkauft.* In diesem Fall hätten sie nicht nur *fachlich inkompetent* gehandelt, sondern auch noch in hohem Grade *unmoralisch*.

Die Banken hätten damit auch zum eigenen Schaden eine alte angelsächsische Weisheit mit Füßen getreten, nämlich das *morality does pay:* die Erkenntnis nämlich, dass sich kurzfristiges Gewinnstreben nicht auszahlt, wenn dabei das in Anspruch genommene Vertrauen verletzt wird.

So stehen nun die Banken weltweit unter Unseriositätsverdacht, die *Banker* werden als *„Bankster"* bezeichnet, und das aus ihren Reihen bereits kolportierte *rules are for fools* schlägt bitterböse auf ihr Image zurück: Alle anderen Aspekte der Krise werden durch das Faktum einer alles überwölbenden *Vertrauenskrise* überlagert, die auch für die Banken selbst desaströse wirtschaftliche Folgen hat. So musste eine prominente Schweizer Bank schon im Frühjahr 2009 eingestehen, dass Anleger einen zweistelligen Milliardenbetrag aus Mangel an Vertrauen in die Sicherheit ihres Geldes abgezogen und damit ein Zweimilliardenloch in die Bilanz der Bank geschlagen hätten.

7.7 Unfähigkeit zur Umkehr

In Ergänzung insbesondere zu den im dritten Kapitel abgehandelten Aspekten des eigentlichen Bedrohungsgehalts der Krise müssen wir zum Abschluss dieses Kapitels unsere Überzeugung begründen, dass aus zwei Gründen die sehr ernste Gefahr einer Wiederholung der krisenauslösenden Fehler besteht, wenn nicht nachhaltig wirksame Sperren hiergegen aufgerichtet werden.

Da sind als erstes *das Größenwachstum vieler der überlebenden Banken* zu nennen und *der pressende Imperativ der Entschuldung*, um dadurch die staatliche Kontrolle abzuschütteln.

Zum Größenwachstum: Weltweit, insbesondere in den USA, sind schwächelnde Banken von anderen Banken übernommen worden, und weiter existierende Banken haben durch die Übernahme von Geschäftsfeldern der vom Markt verschwundenen Banken ihren Geschäftsumfang erweitert. Auch haben die staatlichen Rettungsaktionen die großen Banken noch größer und unbeherrschbarer werden lassen.

Damit haben diese Banken durch internes oder externes Wachstum häufig die (wie auch immer zu definierende) Grenze zur *„Sys-*

temrelevanz" überschritten und sind damit in die wirtschaftlich-faktische Gewährträgerschaft des Staates hinein gewachsen: Sie sind zu Immortellen geworden, *„too big to fail"*. Sie wissen, dass sie die Segnungen faktischer Insolvenzunfähigkeit genießen, und dies wird sie kaum veranlassen, in Zukunft vorsichtiger und verantwortungsbewusster zu handeln. Im Gegenteil: Selbst solche Banken, die nur durch staatliche Rettungsaktionen am Leben gehalten werden konnten, zahlen (in den USA) ihren Mitarbeitern deutlich höhere Gehälter als vor der Krise und gewähren wieder opulenteste Boni.

Die Gefahren, die aus der schieren Größe der Banken erwachsen, haben so renommierte und einflussreiche Männer wie *Paul Volcker,* den früheren US-Notenbankchef und obersten Krisenberater von *Präsident Barack Obama,* und *Mervyn King,* den Chef der englischen Notenbank, im Oktober 2009 zu dem revolutionären Vorschlag veranlasst, Großbanken zu zerschlagen. *King* hat in einer Rede in Edinburgh seine Unterstützung für *Volckers* Vorschlag einer Zerschlagung im Kern mit folgendem Satz begründet: *„Der Glaube, man könne durch angemessene Regulierung sicherstellen, dass spekulative Geschäfte nicht scheitern, führt in die Irre."*

King hat auch ausdrücklich anerkannt, dass das Risiko, das überdimensionierte Banken für die Gesamtwirtschaft darstellen, durch die Krise sogar noch gestiegen sei. Nun kann man sicher darüber streiten, ob sein Vorschlag – in Anbetracht der anerkannten *„Systemrelevanz"* der Großbanken und der kaum absehbaren Probleme bei der politischen und organisatorisch-praktischen Durchsetzung dieses Vorschlags – wirklich ernst gemeint war oder ob hier nicht nach bewährter Western-Manier beim Pokern nur der Colt auf den Tisch gelegt wurde, um die Bankenchefs für *Obamas* drastische Pläne der Boni-Kürzungen gefügig zu machen. Jedenfalls ist das Thema *„zerstörerische Bankenmacht"* unübersehbar auf die Agendenliste der internationalen Kapitalmarktpolitik gesetzt worden, und dies wird seine Folgen haben.

Zum Entschuldungs-Imperativ: Zu den Gefahren, die aus der schieren Größe und Marktmacht von Großbanken folgen, kommt als weiteres objektives Wiederholungselement *der Entschuldungsimperativ.* Dieser ist daraus erwachsen, dass sich hilfsbedürftige Banken, die wegen ihrer Milliardenverluste unter eine für sie äußerst unkomfortable staatliche Kuratel gestellt worden sind, dieses Joch nur abschütteln können, wenn sie die Milliardenschulden zurückzahlen: Das bedeutet aber, dass sich für sie der Profitdruck nachhaltig erhöht hat. Die hiervon betroffenen Banken müssen nun nicht nur Geld verdienen, um Gewinne zu machen, sondern auch um ihre Handlungsfähigkeit wiederzugewinnen und um die persönlichen Profite ihres Leitungspersonals zu sichern. Und sie müssen dieses Geld *möglichst schnell* verdienen, da sonst der Zustand ihrer babylonischen Gefangenschaft fortdauert.

Es kann deshalb nicht verwundern, dass diese Banken unseriöse Geschäftspraktiken, die krisenauslösend waren und viele Tausend Menschen um ihre Alterssicherung gebracht haben, nicht nur *nicht* aufgegeben haben, sondern im Gegenteil *verstärkt fortsetzen*. So klagen beispielsweise Bankenmitarbeiter darüber, dass sich der Vertriebsdruck sogar noch erhöht habe, ja, dass durch den Versand von *Verkaufsrennlisten* an alle Mitarbeiter ein kaum erträglicher Wettbewerbsdruck geschaffen werde.[43]

In doppelter Weise trägt diese Verkaufsstrategie der Banken wieder unmoralische Züge: Zum einen werden wieder bevorzugt undurchsichtige, in ihrem Risikogehalt nur schwer einschätzbare Mischzertifikate, Dachfonds und sogenannte „Garantiepapiere" unterschiedlichster Art angeboten, zum zweiten zielt diese Verkaufsstrategie (wieder) in erster Linie auf Ältere mit größerem Vermögen, die sogenannte *LEO-Klientel* („leicht erreichbare Opfer"), im Bankenjargon auch *AD* genannt = „alt und doof".

Die Banken ignorieren hier wiederum nicht nur ihren eigentlichen Dienstauftrag, sondern gerieren sich als *Finanzbasare* – und, da sie weiterhin Papiere mit Wettcharakter anbieten, als *Finanzbasardeure*.

Aber auch von der *subjektiven Seite des verantwortlichen Banken-Leitungspersonals* in seinem gebrochenen Selbstverständnis und in seinen dominanten Handlungsorientierungen droht Wiederholungsgefahr. Geblieben ist die (wie gezeigt krisenverstärkende) Profitorientierung, geblieben ist das (ebenfalls krisenverstärkende) gebrochene Selbstverständnis, geblieben ist die mangelnde Erkenntnis oder doch das mangelnde Vertrauen in die alte angelsächsische Weisheit des *morality does pay*.

Neu hinzugekommen ist die *desaströse Kommunikationsverweigerung* der Banken: Es ist doch höchst erstaunlich, dass alle Welt über die große Krise und ihre Ursachen in der Bankenwelt spricht – nur eben die Banken nicht. Hier und da wird *geackermannt*, werden die eigenen Erfolge und die besseren eigenen Einsichten herausgestellt, aber nirgends wird der eine befreiende und klärende Satz von den selbst ernannten Sprechern der Banken ausgesprochen, der in etwa lauten könnte:

„Wir, die Banken, haben großes Unglück in die Welt gebracht, die öffentlichen Haushalte ruiniert, uns vertrauenden Menschen um die Früchte ihrer Sparsamkeit und die finanzielle Sicherung ihres Alters gebracht und uns dabei selbst auch noch übermäßig bereichert. Damit haben wir finanzwirtschaftlich unklug, moralisch verwerflich und in den Folgen unseres Tuns zerstörerisch gehandelt. Das darf nicht wieder geschehen! Wenn ihr – die Staaten, die Öffentlichkeit, unsere Kunden – uns nun die Möglichkeit zur Weiterexistenz gebt, werden wir in Wahrnehmung unserer systemrelevanten Verantwortung alles daran setzen, dass es nicht zu einer Wiederholung dieser Krise kommen wird."

Aber für diesen Satz fehlt es bei den Banken (noch?) an der Ehrlichkeit und dem Mut zur Selbstkritik. Und es fehlt den Banken offenbar auch die Fähigkeit, ihre *dienende Rolle im Wirtschaftskreislauf* zu erkennen und sich so zu verhalten, dass sie ihren zentralen Anteil zur Wiederaktivierung der (im sechsten Kapitel skizzierten) Kreisläufe beitragen.

Und es fehlt die Einsicht, dass es im Kern um eine tief greifende *Vertrauenskrise* geht – Vertrauen aber nicht durch gute Absichtserklärungen oder andere einmalige Akte *ad hoc* wieder gewonnen werden kann, sondern nur durch *längerfristiges vertrauensbegründendes Verhalten*. Daraus folgt, dass sich die Banken auf eine steinige, viel Geduld und Einfühlungsvermögen erfordernde, *lange Phase neuer Vertrauensbildung* einstellen müssen. Und sie müssten erkennen, dass es darum geht, vier Facetten des Vertrauens wieder zu gewinnen, nämlich

1. die Wiedergewinnung des *Selbstvertrauens*, was Gewissheit über die eigenen Aufgaben bei der Überwindung der Krise voraussetzt,
2. die Wiedergewinnung des *Vertrauens zu kooperierenden Banken*, also um das Vertrauen der Banken untereinander und zueinander,
3. die Wiedergewinnung des *Kundenvertrauens*, und
4. die Wiedergewinnung des *Vertrauens der Öffentlichkeit*.

Wenn nicht alle Anzeichen trügen, dann ergibt die Einschätzung des *tatsächlichen Verhaltens der Banken* im Hinblick auf diese Maßstäbe eine vierfache Fehlanzeige:

1. Die Banken haben weder die Längerfristigkeit ihres Beitrags zur Krisenüberwindung erkannt, noch haben sie ein klares Bild von ihrer Rolle hierbei. Anstatt *mit langem Atem* im Interesse des Ganzen ihre dienende Rolle als Partner zu akzeptieren, sind sie unter dem oben skizzierten hohen Kostendruck noch verstärkt darauf aus, *möglichst schnell* Geld zu verdienen.
2. Auch untereinander vertrauen sich die Banken nicht: Der für die schnelle, optimale Geldanlage wichtige *Interbankenhandel* kommt einfach nicht in Schwung: Wenn aber die Banken selbst zueinander kein Vertrauen haben, wie soll dann der Kunde den Banken vertrauen?
3. Das Kundenvertrauen können die Banken schon wegen ihres vorstehend skizzierten Basarcharakters nicht wieder gewinnen. Aber selbst gute, verlässliche Kunden werden durch übersteigertes Sicherheitsverlangen und rigorose Rückschneidung ihrer Überziehungslimits stranguliert, anstatt partnerschaftlich-verständnisvolle Hilfe zu erhalten.
4. In der Öffentlichkeit schließlich wabert das Image der Banken an der Nulllinie. Regelrechte Belagerungen von Privatwohnsitzen prominenter Banker in den USA, die weiterhin, ja sogar trotz Inanspruchnahme von Staatshilfen, gesteigerte Boni-Gier und das Entsetzen auch in Deutschland über Millionenforderungen von Bankern, die ihre Institute in den Ruin geführt haben, sprechen eine ebenso deutliche Sprache wie das vom Bundestag beschlossene Bankenenteignungsgesetz.

Deprimierendes Fazit: Die Banken haben nicht nur die Weltsystemkrise ausgelöst und global verbreitet, sondern es ist auch – mit einigen Ausnahmen besonders im Privatkundengeschäft der Volksbanken – nicht erkennbar, welchen Beitrag sie zur Überwindung der Krise leisten werden.

Im Gegenteil: Werden die Banken bei ihrer überwiegenden Geschäftspolitik des schnellen Profits im eigenen Interesse bleiben und weiterhin ihre gesamtwirtschaftliche Verantwortung für die Überwindung der Krise nicht wahrnehmen, ist ein Ende der Krise überhaupt nicht in Sicht! Die Banken hätten sich dann in ein von der Wirklichkeit entkoppeltes Niemandsland verabschiedet, was ja bereits jetzt die Frage nach ihrer Existenzberechtigung in der alten Form aufwirft.

Die Tatsache, dass systemische Bankenkrisen durch die gemeinsamen Sicherungssyteme der Banken (gegen Einzelausfälle bei insgesamt normalem Geschäft) nicht beherrscht werden können, sondern hierfür letztlich staatliche Hilfe aus Steuergeldern erforderlich ist, ist ein unübersehbares Menetekel für das Ende des sich selbst regulierenden Bankenwesens.

Der vom Bund aufgespannte *Banken-Rettungsschirms* im Umfang von fast einer halben Billion Euro signalisiert das Ausmaß der offiziell erwarteten, jedenfalls für möglich gehaltenen staatlichen Hilfeleistungen. Und in der Tat hat ja der Bund schon ein Viertel der *Commerzbank* gekauft, hat *die Hypo Real Estate (HRE)* verstaatlicht und kontrolliert nun erstmals sogar den übrig gebliebenen Teil einer Landesbank, nachdem *die WestLB* in eine *Bad Bank* mit Leerpapieren und eine (hoffentlich) überlebensfähige Restbank mit drei Milliarden Euro Bundesbeteiligung aufgespalten worden ist. Nimmt man hinzu, dass drei weitere Landesbanken *(die BayernLB, die Landesbank Baden-Württemberg – LBBW – und die HSH Nordbank*) nur durch massive Hilfe der jeweiligen Bundesländer überleben können und erinnert man sich daran, dass *die SachsenLB* längst Teil der LBBW geworden ist, so wird in beunruhigender Weise zweierlei deutlich: *dass nämlich – erstens – die privatwirtschaftliche Bankenstruktur in staatlich-öffentliche Direktionsverantwortung geschliddert ist, und dass – zweitens – ausweislich der Probleme der Landesbanken auch hierin keine gesicherte Gewähr für ihre Existenzfähigkeit liegt.*

Allerdings waren es, wie am Anfang dieses Kapitels bereits betont wurde, nicht die Banken und die sonstigen Kapitalmarktakteure allein, die diese fürchterliche Krise ausgelöst haben; vielmehr war den Banken ihre autistische Finanzartistik mit den unübersehbaren destruktiven Folgen nur möglich, weil ihnen zwei weitere Zentralinstitutionen der Finanzmärkte das trügerische Bild der finanzmarktgerechten Rationalität und Legitimität ihres Tuns vorgegaukelt haben, nämlich die Ratingagenturen und die Versicherungen, die letzte Skrupel hinsichtlich der Verantwortbarkeit der grenzenlosen Emissionen von wertlosen Papieren – mit dem Hinweis auf ihre Einstandsfähigkeit für Verluste – ausgelöscht hatten. Auch der Chef der *Deutschen Bundesanstalt für Finanzdienstleistungsaufsicht (BaFin), Jochen Sanio*, rechnet die Rating-Agenturen *„zu den Hauptschuldigen der Krise"*. Sie hätten das Rating der CDO *„als Profitmaschine betrieben und dabei ihre Vertrauenswürdigkeit verspielt"*.

Aber: Diese moralfernen Profitmaschinen existieren nicht nur weiter, sondern sie sind voll zurück im Geschäft – und sie schrecken in diesem auch nicht davor zurück, früher hoch gerankte Papiere nun als Ramschpapiere einzustufen und damit den Abschreibungsbedarf vor allem der Banken in die Höhe zu treiben.

Und: Sie inszenieren nun sogar in hemmungsloser Profitgier einen „Angriffskrieg der Spekulanten" (noch einmal *Jochen Sanio*) gegen finanzschwache Länder und ganze Währungen, wie die Wetten auf einen Staatsbankrott Griechenlands und auf eine Abwertung des Euro in Verbindung mit hierfür hilfreichen Herabstufungen der Ratings gezeigt haben. Und sie agieren weiter in verdeckter Absprache, also kollusiv.

Zum Glück funktioniert aber die vereinbarte Geheimhaltung nicht immer: So ist über das Treffen „eines erlesenen Zirkels von Hedgefondsmanagern" auf Einladung der kleinen (möglichst unauffällig bleiben!) Investmentbank Monness, Crespi, Hardt & Co am 8. Februar 2010 in einem Stadthaus im Zentrum von New York einige Wochen später im Wall Street Journal und dann in der Süddeutschen Zeitung berichtet worden.[44] Nachdem man über die griechischen Haushaltsprobleme und den daraus folgenden Druck auf den Euro gesprochen hatte, war klar, dass hier viel Geld zu machen war, und es begann die Umsetzung einer neuen Investmentstrategie, nämlich „die große Wette gegen den Euro" – der dann drei Tage später unter 1,36 Dollar und wenig später sogar unter 1,30 Dollar fiel. Damit zwangen die hemmungslosen Arbitragejäger die Verantwortlichen der Euro-Zone, einen neuen Bürgschaftsschirm von 500 Milliarden Euro (plus 250 Milliarden Euro vom IWF) aufzuspannen, um diesen Spekulationen den Boden zu entziehen. Allein auf Deutschland entfallen hierbei über 120 Milliarden Euro – zusätzlich zu dem deutschen Anteil an der Griechenland-Hilfe in Höhe von 24 Milliarden Euro: Die „Fresskette" funktioniert weiter; die Spekulanten kassieren horrende Beträge letztlich auf Kosten der Steuerzahler der Euro-Zone. Eine völlig unerträgliche Ausbeutungs-Konstellation!

Dabei gibt es auch noch Stimmen, die die Fortexistenz dieser unkontrollierten, eigensüchtigen Profitmaschinen tatsächlich für alternativlos halten. Auch die US-Börsenaufsicht SEC, die zu Beginn wie ein fauchender Tiger strikte Kontrollen und die Abschaffung der Bezahlung der Ratings durch die Emittenten gefordert hatte, ist inzwischen als Bettvorleger vor den komfortablen Liegestätten der mit Millionen ausgestatteten Lobbyisten gelandet.

Ob die am 23. April 2009 von der EU eingeführte Staatskontrolle über die Rating-Agenturen, einschließlich sonstiger Kontrollvorgaben, angesichts der zunehmend weichen Tour der Amerikaner durchzuhalten sein wird, muss als durchaus ungesichert angesehen werden. So ist auch vor dem Hintergrund dieser beunruhigenden Kontinuitäten eine Wiederholung der Krise nicht unwahrscheinlich.

8.
In der Parallelwelt der gewollten Ahnungslosigkeit

Da haben wir doch früher über die sarkastische Kennzeichnung der Konsumenten gelächelt, wonach diese Menschen sind, die Dinge kaufen, die sie nicht brauchen, von Geld, das sie nicht haben, um Leuten zu imponieren, die sie nicht mögen: *Der Konsument als Inkarnation irrationalen Wirtschaftsverhaltens.*

Heute müssen wir feststellen, dass gerade die vermeintlichen Hüter finanzpolitischer Rationalität in den Banken und den sonstigen Aktionsinstanzen des Kapitalmarkts ein viel größeres und vor allem: ein ungleich folgenreicheres Maß an irrationalem Verhalten an den Tag gelegt haben: Sie sind Menschen, die Werte veräußern, die es nicht gibt, zu Paketen verschnürt, deren Inhalte keiner kennt, an Menschen, die diese Pakete ohne Wert nicht brauchen. Damit haben diese Finanzmarkttransaktionen keinen Bezug mehr zur realen Wertewelt; sie sind vielmehr Ausdruck einer umfassenden Wirklichkeitsentkopplung aller beteiligten Akteure.

Aber: So virtuell diese Transaktionen aber auch waren, so höchst real sind doch ihre zerstörerischen Folgen.

Es ist eine Binsenwahrheit, dass die Fähigkeit zur Wahrnehmung und Artikulation von Wirklichkeit eine, wenn nicht *die* Grundvoraussetzung für rationales Handeln und Entscheiden ist. Und es ist eine ebenso offenkundige Binsenwahrheit, dass Menschen in vielen Zusammenhängen diesem Anspruch nicht oder nur eingeschränkt genügen, weil etwa die Fähigkeit zum Erkennen der Wirklichkeit aus unterschiedlichen Gründen eingeschränkt ist: Der eine gibt seinen Emotionen zu viel Raum, der andere kann von wirklichkeitsfremden Zielen nicht lassen, einem Dritten verstellen Hass oder gehätschelte Vorlieben den Blick, ein Vierter ist so in seinen egomanen Zielen und Interessen befangen, dass er deshalb die eigentliche Wirklichkeit aus seinem Handlungsfeld ausblendet.

Und wir wissen auch, dass wirtschaftliches Handeln oftmals – von der eigentlich postulierten Wirklichkeitsverbundenheit mehr oder weniger weit entfernt – von meta-rationalen Motiven geleitet wird. So haben Untersuchungen des Börsenverhaltens ergeben, dass nicht nur Ängste, fehlgeleitete Erwartungen oder unbegründete Hoffnungen hierbei eine Rolle spielen – angeblich sollen auch der Testosteronspiegel und das Wetter Einfluss auf das Börsengeschehen haben. Ohnehin fragt man sich ja manchmal, welches politische Weltbild Börsianer haben müssen, wenn sie auf bestimmte politischen Entwicklungen in einer bestimmten Weise reagieren.

Alle diese Abweichungen im Realverhalten des *homo oeconomicus*, von der leitbildhaften ökonomischen Rationalität seiner (oder ihrer) als regelhaft unterstellten Verhaltensorientierung, sind bekannt, beeinträchtigen aber letztlich nicht die grundsätzliche Funktionsfähigkeit des rational-marktregulierten Gesamtsystems.

Anders das Verhalten der krisenauslösenden und krisenverbreitenden Akteure in der Welt-Systemkrise: Sie haben die Wirklichkeitsentkopplung zum Programm gemacht. Das Verhältnis von ökonomischer Rationalität als Grundmelodie zu metarationalen Handlungsorientierungen als verkraftbarer Beimusik wurde umgekehrt: *Die Wirklichkeitsentkopplung der Finanzbazardeure wurde zur zerstörerischen Grundregel im hoch brandenden Meer der Profitsucht, während einige Inseln der Rationalität als notwendige Zufluchtsorte zum Erhalt der Funktionsfähigkeit des Ganzen weitergepflegt wurden.*

Es fragt sich nun, ob dieser Tatbestand Ausdruck einer *Zivilisationskrise* oder Ausdruck einer *moralischen Krise* ist. Von einer *Zivilisationskrise* könnte man sprechen, wenn die Wirklichkeitsentkopplung bei den Krisenauslösern und Krisenverbreitern als Unfähigkeit herausgehobener „System"-Verantwortungsträger gedeutet werden müsste, die die fremdschädigenden und selbstzerstörerischen Folgen ihres Tuns in den hoch komplexen Wirklichkeitszusammenhängen, in denen sie agieren, nicht mehr überschauen und deshalb nicht mehr gemäß diesen Erkenntnissen handeln zu können. Von einer *Moralkrise* müsste dagegen dann die Rede sein, wenn die herausgehobenen Systemakteure sehr wohl die Tragweite ihres Tuns einschätzen könnten, aber wider bessere Erkenntnis aus Eigennutz nicht gemäß dieser Einsicht handeln.

Andreas Zielcke hat in einem sehr nachdenkenswerten Beitrag in der *Süddeutschen Zeitung*[45] unter dem bezeichnenden Titel *»Denn sie wissen nicht, was sie tun. „Cleverer als der Heilige Geist": In welcher fremdartigen Welt lebt die Finanzbranche eigentlich?«*, auf die (im Sinne der Profiterlangung) „produktive" Funktion der Folgenverdrängung und auf die Existenz der Krisenverantwortlichen in einer *„Parallelwelt der gewollten Ahnungslosigkeit"* hingewiesen:

„...die Finanzwelt kann ihre überirdischen Gewinne nur erzielen, weil sie in hohem Maß Ignoranz einsetzt. Gezieltes Nichtwissen ist ihr herausragender strategischer Vorteil – die Befreiung von der Verantwortung für die Konsequenzen, die ihre Geschäfte auslösen. Indem sie die Lebenswirklichkeit der Außenwelt ausblendet, gewinnt sie die Autonomie der Gestaltungsfreiheit. Nur so kann sie die Potenz des Wirtschaftens mit dem abstrakten Medium ‚Geld' samt seiner unendlich vielen Derivatformen maximal ausschöpfen. Natürlich wird jede Menge von Daten laufend aus der Außenwelt abgerufen und in die internen Prozesse eingespeist, stündlich, sekündlich. Da aber nur solche Daten zählen, die sich in die monetäre Logik der Finanz-Binnenwelt übersetzen lassen (die ja allein auf Kurs- und Wertdifferenzen abzielt), ist der Blick auf die Außenwelt extrem begrenzt. Nichts durfte die Experten, die jene kalifornischen Hypotheken in verbriefte Papiere im Wert vieler Billionen Dollar verwandelt und verkauft haben, so wenig kümmern wie die soziale Situation und Lebensperspektive der Hausbesitzer.
Und ebenso wenig dürfen den Experten für ‚distressed bonds' (notleidende Anleihen mit entsprechend hohen Risikoaufschlägen) die Arbeitnehmer der Firmen bedeuten, auf deren Bankrott spekuliert wird....“

Zielcke zitiert in diesem Zusammenhang noch die Ex-Brokerin einer Frankfurter Großbank, die unter dem Pseudonym ‚Anne T.' davon berichtet, *„wie ihre Kollegen am 11. September 2001 noch in der Minute der Katastrophennachricht geistesgegenwärtig auf die betroffenen Börsentitel (Waffenindustrie positiv, Luftfahrtindustrie negativ) setzten und im Nu einen unverhofften Millionengewinn einfahren durften.“*

Ein solcher Wirklichkeitsverlust kann eigentlich nur als gezielte Wirklichkeitsausblendung erklärt werden, denn das einschlägige Personal ist zu qualifiziert und zu erfahren, um die Folgen seines Tuns nicht abschätzen zu können. Damit hat die Gesamt-Krise auch die Dimension einer Moralkrise.

9.
Die Staatshaushalte am locus minoris resistentiae: Wie und mit welchen Folgen die Explosion der Staatsschulden die staatliche Handlungsfähigkeit untergräbt

Die Diskussion über Ausmaß und Beurteilung der schädigenden Wirkungen der Staatsverschuldung zeigt dieselbe Verwirrtheit wie die Diskussion über das (vermeintliche) Ende der Wirtschaftskrise: Während die einen mit durchaus nachvollziehbaren Argumenten das Scenario eines drohenden finanziellen Staatsnotstands an die Wand malen, halten die anderen, meist pauschal und/oder mit einer abstrakten keynesianischen Begründung, das Ausmaß der Staatsverschuldung für durchaus vertretbar.

Letztere haben sich ein probates Mittel zur beruhigenden Relativierung der Bedrohung durch eine Staatsverschuldung ausgedacht: Sie setzen die Höhe der Staatsschulden in ein Verhältnis zur Höhe des Bruttoinlandsprodukts und landen dann (in Europa) bei Größenordnungen um die 70 Prozent plus Delta X. Und wen kann diese Zahl für den eigenen Staat schon beunruhigen, wenn andere deutlich höher liegen und selbst der Export-Musterstaat Japan schon 190 Prozent erreicht hat?

Die Darstellung der Staatsverschuldung als Relationsgröße zum BIP wird – neben der Absicht der Relativierung – aus zwei Quellen gespeist: Zum einen findet man sie in den Wirtschaftswissenschaften seit jeher zum Vergleich des akkumulierten Schuldenstandes der verschiedenen Volkswirtschaften, zum zweiten ist sie in die *Maastrichter Konvergenzkriterien* als Obergrenze für die jährliche Neuverschuldung der EU-Staaten eingegangen.

Das eine Mal geht es um eine vergleichende wissenschaftlich-empirische Darstellungsweise, das andere Mal um ein Tatbestandselement einer europarechtlichen Vorgabe: Beide Male wird nichts über die hier interessierende Frage ausgesagt, nach welchen Kriterien die Schuldenhöhe für die Handlungsfähigkeit von Staaten und für das verantwortbare Maß der Schuldenbelastung künftiger Generationen relevant wird.

Und: Es handelt sich hierbei um eine Augenblicksgröße, die keinerlei prognostischen Wert hat und die, für sich genommen, also unabhängig von weiteren einschlägigen Beurteilungsgrößen, keine fundierte Einschätzung des Bedrohungsgehalts der Höhe der Staatsverschuldung erlaubt.

Um das Ausmaß der zerstörerischen Gefahren der Staatsverschuldung einschätzen zu können, muss man zum einen *ein aussagefähiges Beurteilungskriterium* hierfür benennen, und darf – zum zweiten – nicht nur rückwärtsgewandt die *bisherige* Entwicklung der Staatsverschuldung betrachten, sondern muss *die absehbare Entwicklung der Staatsverschuldung* einbeziehen, um *die eigentliche Zerstörungsdynamik dieser Entwicklung* einschätzen zu können.

Der übliche Weg, das Gefahrenpotential der Staatsverschuldung dadurch zu relativieren, dass man ihre Höhe in ein Verhältnis zur Höhe des gesamten Brutto-Inlandsprodukts setzt, ist auch deshalb völlig unangemessen, weil ja nicht die Gesamtvolkswirtschaft Schuldner der Staatsverbindlichkeiten ist, sondern eben der (jeweilige) Staat als juristisches und finanzwirtschaftliches Zurechnungssubjekt. Das bedeutet, dass das Gefahrenpotential der Staatsverschuldung nur in Relation zur Leistungsfähigkeit des Staates oder der sonstigen öffentlich-rechtlichen Schuldner beurteilt werden kann, die diese Schulden zu bedienen haben. Hierbei ist insbesondere das Verhältnis zu den verfügbaren Einnahmen, zu den Ausgaben und zu den anderen markanten Haushaltspositionen von Bedeutung.

Und man muss der Tatsache Rechnung tragen, dass *„die Politik"* – die in die Finanzierungslasten von Jahreshaushalten, maximal einer Legislaturperiode, eingezwängt ist und die schon fast den gesamten Haushalt für gesetzlich festgelegte Ausgaben aufzubringen hat, zusätzlich aber noch Geld für dieses oder jenes Großprojekt braucht (z.B. Reduzierung der CO-2-Emissionen) und auch ihre wahlwirksame Klientel bedienen möchte – dass diese „Politik" wenig Neigung verspürt, sich der höchst unkomfortablen Aufgabe zu unterziehen, ausgerechnet zu ihrer Regierungszeit die Staatsschulden abzubauen und damit eifersüchtig gehütete Besitzstände zu dezimieren und sonstige, die Wiederwahl gefährdende Enttäuschungen auszulösen. (Zum Versagen auch der Großen Koalition auf diesem Gebiet vgl. *Bernd Rebe, Vier Ängste und ein Halleluja. Oder: Warum auch die Große Koalition bei der Lösung der politischen Grundlagenprobleme scheitern muss.*[46])

9.1 Größenordnung und bisherige Entwicklung der Staatsverschuldung

Unter Staatsverschuldung verstehen wir – in Übereinstimmung mit der gängigen Definition in den Finanzwissenschaften – die vom Staat akzeptierten Gesamtforderungen aller Kreditgeber an den Staat, und zwar von Bund, Ländern, Gemeinden, gesetzlicher Sozialversicherung und Sondervermögen, auch als öffentlicher Gesamthaushalt bezeichnet.

Diesem Verständnis der Staatsverschuldung entspricht für uns die Maßgeblichkeit der sogenannten verdeckten Staatsverschuldung, die im Gegensatz zur offiziellen Staatsverschuldung solche Verbindlichkeiten einbezieht, bei denen nicht der Staat selbst als juristische Person des öffentlichen Rechts Schuldner ist, sondern ein rechtlich verselbständigtes Sondervermögen (wie z.B. der Fonds Deutsche Einheit oder der Bankenrettungsfonds Sofin). Und wenn wir von Staatsverschuldung sprechen, meinen wir damit die Bruttoverschuldung, d. h. von den Verbindlichkeiten des Staates werden seine (unübersehbaren und ständig wechselnden) Forderungen gegen Dritte nicht abgezogen.

Die Schulden der öffentlichen Haushalte von Bund, Ländern und Gemeinden zusammen sind von ca. 20 Mrd. Euro 1960 auf ca. 1.700 Mrd. Euro Ende 2009 gestiegen. Hierbei entfallen knapp zwei Drittel der Schulden auf den Bund (ca. eine Billion Euro), ein knappes Drittel auf die Länder und ca. 6 Prozent auf die Gemeinden.

Eine die Gesamtlasten reduzierende *Tilgung der Staatsschulden* (im Gegensatz zu *Teil*-Tilgungen, die aber das weitere Anwachsen der *Gesamt*-Schuldenlast nicht verhindert haben) hat es nur in den Fünfzigerjahren und dann noch ein einziges Mal im Jahr 2000 mit der Verwendung der UMTS-Versteigerungserlöse zur Schuldentilgung gegeben. Und: Ab 1965 überstieg die Summe der bloßen Zinsausgaben die Summe der Neuverschuldung. Das bedeutet, dass die jährlichen Raten der Neuverschuldung nicht ausreichten, um auch nur die Zinsausgaben zu decken. Der nicht gedeckte Teil der Zinsen wurde den bisherigen Schulden zugeschlagen, was wiederum – zusätzlich zu der Verzinsung der Neuverschuldung – die Zinslast erhöhte: Es entstand in den Worten der Bundesbank ein „*Teufelskreis der Schuldendynamik*“, in dem die Verschuldung sich aus sich selbst heraus nährt.[47]

Nimmt man hinzu, dass die derzeitige Neuverschuldung nach der *Bundes-Schuldenuhr* des *Bundes der Steuerzahler* *pro Sekunde*

4.400,00 Euro beträgt, was sich zu einer Jahres-*Neu*verschuldung von ca. 139 Mrd. Euro aufaddiert, so wird deutlich, dass der Bund unaufhaltsam in eine Schuldenfalle rast. Und dies, obwohl schon jetzt die *„Haushaltsaufwendungen für die Bedienung der Schulden des Bundes“* mit 43 Mrd. Euro im Bundeshaushalt 2009 (Gesamt-Veranschlagungssumme 290 Mrd. Euro) den zweitgrößten Etatposten nach dem *Teilhaushalt für Arbeit und Soziales* in Höhe von 124 Mrd. Euro (davon ca. 80 Mrd. zur Sicherung der laufenden Rentenzahlungen) ausmacht (der *Verteidigungshaushalt* mit knapp 30 Mrd. Euro nimmt sich dagegen recht bescheiden aus, ganz zu schweigen von den 10 Mrd. Euro für Bildung und Forschung).

9.2 Verschärfung der Staatsschulden-Problematik durch die Welt-Systemkrise

Das Ausmaß, mit dem die Folgen der Welt-Systemkrise die Staatsschulden-Problematik verschärft haben, lässt sich nicht mit Sicherheit bestimmen. Aber die Größenordnungen der schon jetzt absehbaren Zusatzbelastungen der öffentlichen Haushalte sind durchaus erkennbar; hinzu kommen derzeit noch nicht absehbare Zusatzbelastungen durch Ereignisse und Entwicklungen, die mit der Welt-Systemkrise nichts oder nur sehr mittelbar zu tun haben, aber zusätzliche Herausforderungen für die finanzielle Handlungsfähigkeit der öffentlichen Hände bringen werden.

Als Folge der gegenwärtigen Krise sind vom Bund und den Ländern folgende Leistungen bzw. Leistungsrahmen rechtswirksam beschlossen – und zum Teil schon geleistet[48]:

1. Bankenrettungsprogramme als Eigenkapitalhilfen und Bürgschaften insgesamt ca. — 580 Mrd. €
2. Bürgschaften für Privatunternehmen — 100 Mrd. €
3. Konjunkturprogramme — 81 Mrd. €
4. Kosten der Abwrackprämie — 5 Mrd. €
5. Bürgschaften für Griechenland und als deutscher Anteil am Euro-Rettungsschirm, den die EU-Finanzminister am 11. Mai 2010 in Brüssel beschlossen haben: 24 Mrd. Euro plus 123 Euro = — ca. 150 Mrd. €

Nun weiß man nicht, wann und in welcher Höhe insbesondere die Bürgschaften in Anspruch genommen werden. *Hans-Werner Sinn*[49] hat bei einer nur zehnprozentigen Inanspruchnahme der Bürgschaftsprogramme (ohne Griechenland- und Euro-Stützungsbürgschaften) eine Zusatzbelastung des Bundes und der Länder von 250 Mrd. Euro errechnet, was eine Erhöhung der jährlichen Zinslast von (nach Sinn) bisher 69 Mrd. Euro auf 80 Mrd. Euro bedeutete und die Gesamtschuldenlast der öffentlichen Hände auf ca. 1,9 Billionen Euro explodieren lassen würde (und dem deutschen Staat jede Möglichkeit nähme, die EU-Schuldenquote von 60 Prozent des BIP einzuhalten oder mit der Neuverschuldung unterhalb des Drei-Prozent-Budgetdefizits zu bleiben). Sollten mehr, vielleicht markant mehr als 10 Prozent der „alten" Bürgschaften in Anspruch genommen werden, würde die Neuverschuldungssumme völlig unkalkulierbar bleiben. Noch unkalkulierbarer würde die Situation, wenn größere Einstandspflichten aus der Griechenland- oder der Euro-Stützung erwachsen würden.

Zu dieser schon jetzt „sicheren" Neuverschuldung kommen noch weitere krisenbedingte Zusatzbelastungen, die bereits jetzt absehbar sind, nämlich

- massive Steuermindereinnahmen wegen der anhaltend schwachen Konjunktur, die rückwirkende Wiedereinführung der Pendlerpauschale (die eine Zusatzbelastung von ca. 8 Milliarden Euro bedeutet), die von Schwarz-Gelb ab 1. Januar 2010 gewährten Steuervergünstigungen von 8,5 Mrd. Euro und die zu erwartenden hohen Abschreibungen insbesondere der Banken, aber auch (bei der hohen Insolvenzrate) von Unternehmen:
  Nach Angaben des Bundesfinanzministeriums[50] sind gegenüber der Steuerschätzung vom Mai 2008 nach der Steuerschätzung vom November 2009 allein für den Bund Steuermindereinnahmen von ca. 40 Mrd. Euro zu erwarten;
- deutliche krisenbedingte Zusatzbelastungen bei den gesetzlichen Sozialversicherungen wegen des grassierenden Arbeitsplatzverlustes (allein für die Arbeitslosenversicherung wird schon Ende 2009 ein Zusatzbedarf von 18 Mrd. Euro für 2010 in Rechnung gestellt, für die Krankenversicherung zusätzliche 15 Mrd. Euro für 2010 und 2011) und der weiteren Verschlechterung des Altersaufbaus der Gesellschaft.

Dazu kommen die *desaströsen haushaltspsychologischen Folgen* der beschlossenen Hilfsprogramme: Schon der schiere, alle bisherigen

Maßstäbe sprengende Umfang der angeführten staatlichen Hilfsmaßnahmen, in der *Süddeutschen Zeitung* zu Recht als eine »*Politik des Unermesslichen*« gebrandmarkt, hat eine Abkehr von den Maximen sparsamen Haushaltens zur Folge. Die schon Anfang des Jahres 2010 für das Haushaltsjahr 2010 geplante Neuverschuldung *allein auf Bundesebene* (offizieller Haushalt plus Neuverschuldung der Sondervermögen) von 100 Milliarden Euro sprengt alle Dimensionen der Neuverschuldung seit Bestehen der Bundesrepublik Deutschland.

Dazu kommt *die moralische Schieflage des Rettungsprogramms:* Wenn man schon (zähneknirschend) bereit ist, den Verursachern oder doch Verstärkern dieser Krise (die obendrein an der Verursachung dieser Krise insgesamt Milliarden zusätzlich verdient haben) mit hunderten von Milliarden zu ihrer Rettung vor den Folgen der von ihnen selbst verursachten Krise beizuspringen, wie kann man dann für moralisch und politisch wünschenswerte Zwecke Mehrausgaben verweigern?

So könnten sich schon bald hunderte von Kommunen melden, die nicht nur im Rahmen ihres „aktiven Schuldenmanagements" durch Mitzockerei im internationalen Finanzmonopoly dreistellige Millionensummen verloren haben, sondern die auch durch Steuermindereinnahmen (insbesondere wegen der wegbrechenden Gewerbesteuereinnahmen) und explodierende Sozialausgaben (seit 1992 sind die Sozialausgaben der Gemeinden um fast 100 % von 22 auf 40 Mrd. Euro im Jahr 2009 gestiegen) bald an den Rand des Bankrotts geraten werden: Allein in 2009 haben die Kommunen mit einem Minus von 5 Milliarden Euro abgeschlossen; für die nächsten vier Jahre erwartet der *Deutsche Städte- und Gemeindebund* bei den Kommunen die Anhäufung weiterer Schulden in Höhe von 50 Milliarden Euro.

Welcher Politiker, der für milliardenschwere Finanzspritzen für die Urheber der Krise gestimmt hat, wollte dann den bürgernahen Kommunen in ihrer Opferrolle die geforderte Nothilfe verweigern? Zu Recht hat *Klaus Lorig*, der Präsident des Saarländischen Städte- und Gemeindetages, daran erinnert: „Auch Gemeinden sind systemrelevant."

Es ist deshalb bei realistischer Einschätzung des Haushaltsgebarens der öffentlichen Hände davon auszugehen, dass die haushaltspolitischen Dämme gebrochen sind und die Staatsschulden in einer Weise explodieren werden, die das Menetekel der Nicht-Mehr-Finanzierbarkeit schon der normalen Staatsausgaben, herauf beschwören – geschweige denn ähnlicher Krisen wie der gegenwärtigen. Wer würde denn nicht mehr rückzahlungsfähigen Staaten noch Geld geben wollen?

Wie fragil die Finanzsituation selbst reicher Staaten ist und welche Folgen auch die nur vorübergehende Nichtbedienung ihrer Verbindlichkeiten hat, zeigt die Ende November 2009 ausgebrochene *Dubai-Krise*: Der staatliche Konzern *Dubai World,* der mit seinen gigantischen Bauprojekten in den letzten Jahren für zweistellige Wachstumsraten im Emirat gesorgt hatte und inzwischen mit 59 Milliarden Dollar verschuldet ist, hatte plötzlich den Schuldendienst ausgesetzt und damit ein sofort um den Globus laufendes Börsenbeben ausgelöst. Insbesondere Bankaktien wurden abgestoßen, denn man befürchtete wegen des dramatischen Verfalls der Immobilienpreise (nach dem fast völligen Baustillstand bei allen Großprojekten im Emirat) größere Verluste bei dort engagierten Banken. Die Aktien der *Deutschen Bank*, an der der Investmentfonds DIFC des Emirats mit 2,2 Prozent beteiligt ist, verloren zeitweise sogar mehr als 5 Prozent.

Die Furcht, arabische Aktionäre könnten sich aus Geldnot auch aus anderen Beteiligungen zurückziehen, drückte auch die Kurse deutscher Autohersteller, und auch an den Rohstoff- und Devisenmärkten sorgten die Schuldenprobleme *Dubais* für Turbulenzen. Dabei geht es ja hier nicht nur um verhältnismäßig kleine Summen, sondern man konnte auch erwarten, dass das ölreiche *Abu Dhabi* dem ärmeren Bruder helfen würde, nachdem die *Zentralbank der Vereinigten Arabischen Emirate* schon im Herbst 2008 drei staatliche Geldinstitute Dubais vor dem Kollaps bewahrt hatte. Und tatsächlich half *Abu Dhabi* auch diesmal in einer Blitzaktion mit fünf Milliarden Dollar. Welche Turbulenzen aber würden ausgelöst werden, wenn ein weitaus höher verschuldetes Land ohne reichen Bruder seinen Schuldendienst einstellte?

Und: Zu diesem Set schon sicherer oder doch sehr wahrscheinlicher *krisenbedingter Zusatzbelastungen* ist nach allen Erfahrungen die nicht geringe Wahrscheinlichkeit *noch gar nicht absehbarer Zusatzbelastungen (unabhängig von der Bewältigung der Welt-Systemkrise) in Rechnung zu stellen*, etwa als Folge kriegerischer Verwicklungen oder von Terrorakten, im Zusammenhang mit der Klimapolitik, als Folge der Bekämpfung anderer Umweltkatastrophen, beim europäischen Handling des Einwanderungsdrucks aus den geschundenen Ländern Afrikas und des Nahen Ostens oder beim Aufbringen von zusätzlichen sozialstaatlichen Unterstützungsleistungen, um das weitere Auseinanderfallen der schon jetzt gespaltenen Gesellschaft zu verhindern.

Auch die Folgen von Währungsturbulenzen außerhalb der EU, ausgelöst etwa durch einen noch stärker schwächelnden Dollar, könnten weitere kostspielige staatliche Interventionen notwendig machen. Und wenn allein auf Bundesebene (Bundeshaushalt plus Sondervermögen) für 2010 die höchste jährliche Neuverschuldung der Nachkriegszeit in Höhe von 100 Milliarden Euro veranschlagt wird, dann wird damit die explodierende Schuldenkrise erneut – man könnte auch sagen regierungsamtlich – bestätigt.

10.
»Das Schlimmste kommt erst noch!«

10.1 Hoffnung – Skepsis – Katastrophe: die drei Zukunftserwartungen

Bleibt abschließend zu fragen, welche Prognose realistischerweise gestellt werden kann. Die Einschätzungen hierzu sind höchst unterschiedlich. Sie reichen von vorsichtigen Krisenüberwindungs-Hoffnungen bis zum »Das Schlimmste kommt noch. Wer glaubt, die Krise sei bald vorbei, begeht einen riesigen Fehler«.[51]

Das Beunruhigende hieran ist wiederum die Verwirrtheit der Szene, die nichts Gutes verheißen kann, schon gar keine Gewissheit über die zu erwartende Entwicklung. Führt man sich die unterschiedlichen Einschätzungen vor Augen, so lassen sich drei markant unterschiedliche Positionen ausmachen: Die *Wachstumshoffnungsposition,* die *skeptische Position* und die *Katastrophenposition.*

Die drei Positionen unterscheiden sich durch den jeweils aufgerufenen Bezugsrahmen ihrer maßgeblichen Kriterien und durch die Folgerungen, die hieraus für die Zukunft zu ziehen sind.

Den engsten Bezugsrahmen weist die *Wachstumshoffnungsposition* auf, die zu ihrer hoffnungsunterfütterten Prognose nur durch eine doppelte Ausblendung kommen kann: Zum einen betrachtet sie die Welt-Systemkrise als eine Art qualifizierter Konjunkturkrise und macht ihre positive Einschätzung allein an der (erwarteten) Entwicklung des realen Güterkreislaufs fest und blendet damit also insbesondere die bedrohlichen Entwicklungen auf dem Arbeitsmarkt und auf dem Finanzmarkt aus.

Zum zweiten nimmt diese Position innerhalb des realen Wirtschaftskreislaufs fast ausschließlich die positiven Signale auf, die sie an den überkommenen ökonomischen Parametern festmacht, wie Absatzentwicklung, Investitionstätigkeit und Geschäftsklimaindex.

Hierbei bleibt die Tatsache außen vor, dass diese positiven Konjunktursignale fast ausschließlich auf die staatlichen Konjunkturförderprogramme zurückzuführen sind und nicht Ausdruck eines selbsttragenden Aufschwungs sind (Paradebeispiele: die in den USA infolge des immensen staatlichen Stützungsprogramms wieder anziehenden Immobilienpreise oder in Deutschland die infolge der staatlichen Abwrackprämie boomende Kleinwagenkonjunktur).

In der zweifachen Ausblendung prognoserelevanter Gegebenheiten unterscheidet sich die *Wachstumshoffnungsprognose* von der zweiten Position:

Die *skeptische Position* kommt der wirklichen Entwicklung schon dadurch näher, dass sie zum einen – über den *realen Wirtschaftskreislauf* hinaus greifend – *die Entwicklung auf dem Arbeitsmarkt,* aber auch sonstige wirtschaftlich relevante Entwicklungen (wie die konjunkturdämpfende Wirkung der kommenden Energiepreiserhöhungen) in ihre Prognosen einbezieht. Zum anderen stellt sie nicht nur auf die Veränderung einiger klassischer Konjunkturdaten auf dem Realgütermarkt *in abstracto* ab, sondern legt ihrer Prognose die Frage zugrunde, welche wirtschaftlich relevanten *Entwicklungen* auf der Grundlage der schon absehbaren, konkreten Veränderungen in Teilmärkten und sonstigen wirtschaftlich relevanten Zusammenhängen zu erwarten sind.

So leitet sie aus der realistischen Beobachtung des zunehmenden Arbeitsplatzverlustes und der hierdurch ausgelösten Ängste der Arbeitsnehmer einen Rückgang der Binnen-Nachfrageentwicklung ab, die sich wachstumshemmend auswirken muss, wenn sie nicht durch eine entsprechende Zunahme beim Export ausgeglichen wird – womit aber bei den Wirtschaftsproblemen unserer Haupt-Abnehmerländer kaum zu rechnen ist. Das wiederholte Fallen des *Konsumklimaindexes* der GfK in Nürnberg unterfüttert diese negativen Erwartungen für den Arbeitsmarkt deutlich.

Die nachfragedämpfende Wirkung der Angst vor dem Verlust des Arbeitsplatzes wird durch das Sinken des brutto erlangten, und mehr noch: des netto verfügbaren Einkommens weiter verstärkt.

Bedenkt man, dass im Jahr 2009 vor allem die Binnennachfrage die Konjunktur gestützt hat, ist bei dem nahezu sicheren Nachfragerückgang für 2010 mit weiterer Konjunkturdämpfung zu rechnen. Zusätzlich konjunkturdämpfend dürfte auch die weiterhin sehr restriktive Kreditvergabe der Banken an Unternehmen wirken, deren Eigenkapitalrücklagen bei der versuchten Überbrückung der Krise dahingeschmolzen sind wie Butter in der Sonne.

Die Folgerung, die von der skeptischen Position aus für die Zukunft gezogen wird, lautet:

Es gibt viele Gefahren für die Überwindung der Krise; aber es ist nicht ausgeschlossen, dass sie überwunden wird; der Eintritt einer weiteren, möglicherweise finalen Krise wird von der skeptischen Position nicht thematisiert.

In diesem zentralen Punkt unterscheidet sich die skeptische Position von der *Katastrophenposition*, die zwar irgendeine, vielleicht nur teilweise, Überwindung der Krise auch nicht ausschließt, aber die Schwierigkeiten bei der Überwindung der Krise so groß einschätzt, dass sie einen Katastropheneintritt für sehr viel wahrscheinlicher hält.

10.2 Die prognostischen Determinanten der Katastrophenerwartung

Die Katastrophenerwartung hat die sichersten Argumente in ihrer Annahme für sich, dass der Eintritt der eigentlichen Katastrophe in absehbarer Zeit zu erwarten ist – sei es als eine finale Aufschaukelung der gegenwärtigen Krise oder durch die Auslösung einer neuen Krise.

Da ist zum einen das in Kapitel 5 systemtheoretisch aufgezeigte Gefahrenpotential der erratischen Eigenschaften dynamischer Nichtlinearitäten im krisenbefallenen System, das ein ungleich größeres Gefahrenbewusstsein fordert, als es derzeit von den Krisenverursachern gezeigt oder von den politisch Verantwortlichen eingestanden wird. Nur vor dem Hintergrund eines solchen hochgradigen Gefahrenbewusstseins eröffnen sich handfeste Optionen, der ausufernden und zerstörerischen Macht der unkontrollierten Finanzindustrie Schranken zu setzen. Diese Schranken hätten in systemtheoretischer Sprechweise den Charakter von Zwangspunkten für eine letztlich produktive Systemevolution, die gefahrenreduzierte „Entwicklungskorridore“ für das System etablieren können. Solche Korridore sind möglich und dringend geboten, um irreparable Kollateralschäden für unsere hoch verdichtete Zivilisation zu vermeiden.

Die Katastrophenposition hat aber nicht nur die mehr abstrakt erscheinenden Warnhinweise der systemtheoretischen Krisendiagnose für sich, sondern auch die historisch reflektierten Ergebnisse der realwirtschaftlichen Analyse, die in beachtlicher Überzeugungsdichte von *Christoph Pauly, Wolfgang Reuter, Gregor Peter Schmitz, Thomas Schulz, Gabor Steingart und Wieland Wagner* in ihrem Beitrag *„Wahnsinn 2.0“* formuliert worden sind: *„Mit einer exzessiven Geld- und Schuldenpolitik wollten die Regierungen in aller Welt die Krise bekämpfen – und haben so die Grundlage für die nächste geschaffen: An den Finanzmärkten hat sich schon wieder eine Spekulationsblase gebildet. Die Frage ist nicht, ob, sondern wann sie platzt.“*[52]

Schon in ihrem maßgeblichen Bezugsrahmen hat die *Katastrophenposition* – im Vergleich mit der *Wachstumshoffnungsposition* und der *(bloß) skeptischen Position* – die größere Realitätsnähe für sich: Sie stellt nach den Erfahrungen mit dem Ursprung der gegenwärtigen Welt-Systemkrise auf neue, sich unübersehbar auftürmende Verwerfungen auf dem Finanzmarkt ab, *„denn die Geschichte ist schon dabei, sich zu wiederholen: Wieder gibt es zu viel billiges Geld. Wieder gehen zu viele Leute viel zu hohe Risiken ein. Wieder bildet sich eine Blase, die, wenn sie eines Tages platzt, die Weltwirtschaft zum Absturz bringen kann“*.[53]

Wirklichkeit konstituiert sich nicht nur aus den manifest zutage getretenen Tatsachen und Ereignissen, sondern – als sich entwickelnde Wirklichkeit – noch mehr aus den erwartbaren Folgen maßgebender Verhaltensmuster. So wissen wir spätestens seit *Christa Wolfs* gleichnamigem Roman, dass die trojanische Seherin *Kassandra* keine hellseherischen Fähigkeiten besaß, die sie in die Lage versetzt hätten, in die Zukunft zu schauen; worin sie sich vielmehr von den anderen Menschen unterschied, war ihr ausgeprägter Sinn für die Wirklichkeit: Ihr war deutlich, dass die von ihr gegeißelten Eigenschaften der Trojaner – jedenfalls der trojanischen Herrschaftsclique, die über das politische Schicksal des Stadtstaates bestimmte – notwendig in den Untergang Trojas führen mussten.

Nun müssen wir Kassandra sein.

Diese Aufgabe ist überraschenderweise leichter, als es auf den ersten Blick scheint, denn die Menetekel der kommenden Katastrophe sind bereits unübersehbar. Sie wird – was das eigentlich Deprimierende an ihrem Aufkommen ist! – *in ihrem Entstehen* nach dem gleichen Muster verlaufen wie die gegenwärtige Welt-Systemkrise. *In ihren Folgen* aber wird sie jedoch ungleich dramatischer, umwälzender und zerstörerischer sein als diese (wie wir im Abschnitt 11.3 – *Rechtliche Eckpfeiler einer krisenvermeidenden Finanzmarktkontrolle* – noch zu erörtern haben werden).

Die unübersehbaren Anzeichen für die kommende, wahrscheinlich weltrevolutionäre Krise zeigen sich in objektiven Daten des Weltfinanzmarktes, in der Situation und dem Verhalten vor allem der Banken, aber auch der anderen bekannten Finanzmarktakteure (die auch diesmal schon in verhängnisvoller Weise am Entstehen der gegenwärtigen Krise mitgewirkt haben[54]) und in der Unfähigkeit der Politik, den Großverschluckern in der Fresskette das Maul zuzuhalten.

Zu den *objektiven Gegebenheiten* auf dem Finanzmarkt gehören die ungeheuren vagabundierenden Kapitalmengen, die vor allem durch staatliche oder doch staatlich induzierte Kapitalverteilungsprogramme der Notenbanken entstanden sind.

So ist die Dollar-Geldmenge in drei Jahren um satte 138 Prozent gestiegen und die des Euro immerhin auch um 35 Prozent; insgesamt haben die 20 größten Wirtschaftsnationen bisher 1,5 Billionen Dollar in den Finanzkreislauf gepumpt. *Pauly e.a.*[55] sehen als Hauptverantwortliche hierfür Amerikas Finanzminister *Timothy Geithner,* Notenbank-Chef *Ben Bernanke* und den Princeton-Ökonomen *Paul Krugman, „der die Politiker mit der Autorität seines Nobelpreises zu immer neuen Milliardeninjektionen zu überreden versucht."*

Die zur Bekämpfung der gegenwärtigen Krise praktizierte Politik einer Kapitalüberflutung ist aus der Angst geboren, durch eine deflationistische Politik – wie bei der Weltwirtschaftskrise1929 – die Krise und ihre Folgen noch zu verstärken.

Allerdings könnte man diesmal überkompensiert und mit der abundanten Geldüberflutungspolitik auf gegenteilige Weise destruktive Folgen ausgelöst haben. So konnte man im *Wall Street Journal* die eindringliche Warnung lesen, die Notenbank könne die Wirtschaft *„überstimulieren". Pauly e.a. kommentieren dies zutreffend so: „Doch die Finanzbranche hört solche Festlegungen der Notenbank gern. Die Spekulanten leben nun mal von billigem Geld wie Graf Dracula von Blut. Nie zuvor in der modernen Wirtschaftsgeschichte hatte die Finanzindustrie einen derartig ungehinderten Zugriff auf die Staatsfinanzen. »Man muss wirklich kein Genie sein, um sich quasi umsonst Geld vom Staat zu leihen und damit eine Heidenkohle zu verdienen«, sagt Joe Perella, lange Chef der Investmentbank-Abteilung von Morgan Stanley und heute Chef einer New Yorker Investmentbank. Wer auf Nummer sicher gehen will, kauft mit dem billigen Geld der Notenbanken die weit höher verzinsten Anleihen des Staates."*[56]

Als weiteres Menetekel muss das wiederum in gleicher Weise krisengebärende *Verhalten der Banken* bei der Generierung von sogenannten *„strukturierten Papieren"* und dem Handel hiermit genannt werden. Es mag unglaublich erscheinen – aber der Handel mit jenen *Collateralized Debt Obligations,* die in ihrem Kern jede Menge fauler Immobilienkredite enthalten und deren unbegrenzter Verkauf an gutgläubige End-Nachfrager die gegenwärtige Krise ausgelöst hat, werden als *Swaps, Futures, Optionen und Wettpapiere anderer Art* wieder in Milliardenhöhe gehandelt *und finden einen Markt, der zur Zeit auf 660 Milliarden Dollar geschätzt wird!*

Hierin liegt für die Banken zugleich eine Möglichkeit, die toxischen Altpapiere in neuer Verpackung loszuschlagen – und natürlich hat man sich hierfür auch einen „flotten Namen"[57] einfallen lassen: *„Re-Remic",* was für *„Resecuritization of Realestate Mortgage Investment Conduit"* steht.

So, wie man mit dem Begriff der *„Collateralized Debt Obligations"* die Assoziation zu den altbekannten *Collateralized Securities,* also den durch zusätzliche Sicherheiten verbürgten Hauptsicherheiten, aufgerufen hatte, so gaukelt man nun einer offenbar äußerst vergesslichen Kundschaft eine *„Resecuritization",* also eine erneute (Rück-) Versicherung der alten Schrottpapiere vor, die zum Schein aufgeschnürt und – mit Triple-A-Ratings versehen – neu sortiert auf den Markt gebracht werden; Papiere, von denen *Dennis Kucinich,* Kongressabgeordneter und Mitglied des Finanzreformausschusses in Washington, warnend sagt, sie seien komplexer und noch undurchsichtiger als ihre Vorgänger, die CDO, um dann zu fragen: *„Was sollte die Re-Remics davon abhalten, wieder das ganze System an den Rand des Abgrunds zu fahren?"*.[58]

Wie erfolgreich die alten Krisenverursacher, die zum Teil nur mit zwei- bis dreistelligen Milliarden-Staatshilfen aus Steuergeldern gerettet werden konnten, bei der ungehinderten Fortsetzung ihrer erkanntermaßen krisenauslösenden Finanzgeschäfte sind, zeigt sich auch an ihren neuen Gewinnen vom 1. bis zum 3. Quartal 2009, die zwischen einer lumpigen Milliarde Dollar bei *Morgan Stanley* und nicht ganz so lumpigen je ca. 8,5 Mrd. Dollar (mit entsprechenden Boni-Zahlungen!) bei *Goldmann Sachs* und *JPMorgan Chase* liegen[59] – die Frage, inwieweit es hier um reale Gewinne oder nur um Gewinnpositionen geht, die infolge neuer Bilanzrichtlinien so dargestellt werden können, lassen wir hier dahingestellt.

Damit sind wir bei dem eigentlich desparaten Befund dieser absehbaren Katastrophen-Entwicklung: Die Auslösung der neuen Katastrophe durch die amerikanischen Banken kann nur durch gesetzlich-kontrollierendes Handeln der amerikanischen Regierung verhindert werden; die aber ist hierzu – das ist unsere deprimierende These – aus vier Gründen nicht fähig:

Erstens haben die Banken in den USA (und auch in Großbritannien) als nationale Gewinnbringer eine viel stärkere Position als in Deutschland. Nun rächt sich für beide Länder die weitgehende Aufgabe der wertschöpfenden und Arbeitsplätze bietenden produktiven Industrie zugunsten der viel schickeren und für die Mitarbeiter ungleich einkömmlicheren Finanzindustrie. Wenn der traditionell wirtschaftstarke Nord-Osten der USA nun zum *rost belt* (Detroit!) verkommen ist, kennzeichnet das beispielhaft diese Entwicklung.

Der Stellenwert der etwa 1.100 Banken in den USA ist daran ablesbar, dass 2008 ein knappes Drittel aller US-Unternehmensgewinne aus dem Finanzgewerbe stammten. Für die Bedeutung des Finanzgewerbes in der Londoner City für England gilt Entsprechendes: In England hängen bereits 70 Prozent der Wirtschaftskraft am Dienstleistungssektor, davon der größte Teil am Banken-Business. Die Industrie trägt nur noch 16 Prozent bei, mit fallender Tendenz. Wegen der galoppierenden Deindustrialisierung wird England schon als *„Kranker Mann Europas“* bezeichnet[60], und man darf sehr gespannt sein, was – zumal nach dem Wahlsieg der Konservativen – von den Initiativen des Chefs der britischen Finanzaufsicht *Financial Services Authority (FSA), Lord Adair Turner of Ecchinswell,* für eine strengere Regulierung der Banken übrigbleiben wird.

Schon wegen des Stellenwertes des Bankenwesens in den USA wird jede US-Regierung nur mit äußerster Vorsicht Kontrollmaßnahmen ergreifen, die von den Banken als Beschneidung ihrer fast unbegrenzten Verdienstmöglichkeiten gesehen werden könnten.

Diese Bankenabhängigkeit auch Washingtons wird *zweitens* noch nachhaltig verstärkt durch die vielfältigen Personalverquickungen zwischen Washington und Downtown Manhattan. Insbesondere *Goldman Sachs* legt seit jeher auf eine zusätzliche politische Bewährung seines Führungspersonals großen Wert, beispielhaft seien nur genannt: *Henry Paulson,* einst Firmenchef bei *Goldman Sachs,* dann Finanzminister unter *Bush dem Zweiten; Phil Murphy*, früherer *Goldman Sachs*-Top-Manager, dann Wahlhelfer der Demokraten (man sichert sich nach beiden Seiten ab!), nun Botschafter in Berlin; *Robert Rubin,* früherer Bankchef und späterer Finanzminister, die *„graue Eminenz der US-Geldelite“, „das große Vorbild für viele Goldman-Mitarbeiter“*[61] und geistiger Ziehvater von *Timothy Geithner, Barack Obamas* Finanzminister; dessen Stabschef *Mark Patterson* ebenfalls früherer *Goldmann-Sachs*-Mitarbeiter und bis zum Wahlsieg *Obamas* Washington-Lobbyist von *Goldman* war, und ... und ... und: Goldmann Sachs ist eine *„politische Organisation, die sich als Investmentbank tarnt“,* zitieren *Pauly e.a.*[62] den Geschäftsführenden Direktor von Institutional Risk Analytics, *Christopher Walen,* und dann den Nobelpreisträger für Wirtschaftswissenschaften *Joseph Stiglitz* mit dem Satz: *„Amerika hat eine Drehtür. Die Leute gehen von der Wall Street ins Finanzministerium und zurück. Das prägt das Denken.“*

Zu diesen dauernd wirksamen Personalverquickungen zwischen Washington und Wall Street kommt – *drittens* – die intensive Lobbyarbeit der Banken in Washington im Zusammenhang mit der gegenwärtigen Krise:

*A*llein im Jahr 2009 haben die amerikanischen Banken zweitausend Lobby-Helfer in Washington beschäftigt und deren Einfluss mit 200 Millionen Dollar Nachdruck verliehen – wohl gemerkt: zusätzlich zu den ca. drei Milliarden Dollar, die jährlich ohnehin für politische Lobbyaktivitäten von *big business* ausgegeben werden.

Es ist daher eher nicht anzunehmen, dass *Obamas* wiederholt geäußerter Auffassung (*„Wir dürfen nicht zurückkehren zum alten Wirtschaftszyklus, in dem immer wieder Spekulationsblasen entstehen und platzen“)* Taten folgen werden, die den Banken nachhaltige Kontrollen auferlegen. Zumal die Banken immer wieder die asiatische Karte spielen: Die dortigen Börsen, Banken und Finanzmakler würden ohne jede Kontrolle ihren gewinnbringenden Geschäften nachgehen können und den heimischen Banken das Wasser abgraben, sollten diese unter geschäftshinderliche Kontrolle gestellt werden.

Schließlich gibt es – viertens – noch einen besonders deprimierenden Grund, nämlich die justizielle Enthemmung der Lobbywirksamkeit von Großunternehmen durch das Urteil des *US Supreme Court* „Citizens United v. Federal Election Commission“ vom 21. Januar 2010, in dem der Supreme Court das bis dahin unter dem *McCain-Feingold-Act* von 2002 geltende Verbot von unternehmens- oder gewerkschaftsfinanzierter „Wahl-Kommunikation" („electioneering communications") während bestimmter Zeiträume vor Wahlen und parteiinternen Primaries wegen Verstoßes gegen das im Anhang 1 zur amerikanischen Verfassung verbürgte Recht auf Meinungsfreiheit aufgehoben hat.

Dem mit der konservativen Entscheidungsmehrheit von 5:4 Stimmen gefällten Urteil lag eine Auseinandersetzung zwischen Citizens United (einer wirtschaftsfinanzierten non-profit-organization) und der damaligen Bewerberin um die Präsidentschaftskandidatur *Hillary Clinton* über das Recht von Citizens United zugrunde, einen eindeutig gegen *Hillary Clinton* gerichteten Film vor den demokratischen Primaries über das Fernsehen veröffentlichen zu dürfen. Der Supreme Court hat nun solche manifesten Wahlbeeinflussungen in unbegrenztem Umfang mit dem hanebüchenen Argument des konservativen Richters *Anthony Kennedy* zugelassen, Firmen verfügten über das Wissen, das sie dafür qualifiziere, Fehler im öffentlichen Diskurs herauszustellen.

In seiner abweichenden Meinung hat Richter *John Stevens* zu Recht vor dem „korrumpierenden Potential" konzerngelenkter Wahlbeeinflussung gewarnt, denn nun können Großunternehmen ihre Lobbymacht schon dadurch zur Geltung bringen, dass sie Kandidaten im Falle eines ihnen nicht genehmen Abstimmungsverhaltens auf die Möglichkeit der Finanzierung und Veröffentlichung eines Films über ihn (oder sie) hinweisen. Unter dem Titel „Laufsteg der Lobbyisten" hat die Süddeutsche Zeitung[63] zutreffend den demokratiefeindlichen Charakter und die desaströsen Folgen des Urteils gebrandmarkt:

„Mit einem juristischen Handstreich hat der Oberste Gerichtshof der USA fundamentale Prinzipien der amerikanischen Demokratie außer Kraft gesetzt. In ihrem Bestreben, Wahlen zu beeinflussen, unterliegen Unternehmen nun faktisch keinen Beschränkungen mehr. Das Urteil ist zunächst ein Angriff auf Präsident Barack Obama. Seine Reform-Agenda ist in akuter Gefahr.

Schon heute schwirren Industrie-Lobbyisten über die Flure des Kapitols, um die Reform des Gesundheitssystems, die Bändigung der Finanzmärkte und die Begrenzung der Treibhausgas-Emissionen zu bekämpfen. Der Supreme Court hat ihnen nun Druckmittel in die Hand gegeben, mit denen sie auch gewissenhafte Politiker in die Knie zwingen können. Wer sich dem Willen der Einflüsterer widersetzt, kann mit Negativkampagnen mürbe gemacht werden..."

Wenn der Kommentator allerdings dann feststellt, die politische Naivität der Richter sei kaum zu überbieten, könnte er sich selbst Naivität vorhalten lassen müssen: Natürlich wusste die konservative Mehrheit des *Supreme Court* sehr genau, was sie tat, ja, sie hat mit der Zielsetzung der Lobbystärkung von Konzernen so entschieden. Hierfür spricht schon, dass aus der Entscheidung des Einzelfalls eine Grundsatzentscheidung gemacht und auf die Gegenargumente der liberalen Richter nicht eingegangen wurde: *Unter den Richtern des Supreme Court tobt der gleiche Kulturkampf wie zwischen den ideologischen, realitätsfernen Konservativen in der Politik und ihren liberalen Opponenten.*

Die gezielte Besetzung von Richterstellen am *Supreme Court* mit ihren ideologischen Parteigängern durch die Regierung von *George W. Bush* zahlt sich nun für die Konservativen aus. Gelingt der Obama-Administration nicht die Wiederherstellung des bisherigen Rechtszustandes in verfassungsfester Form, ist schon aus diesem Grund nicht mehr mit der Durchsetzung einer nachhaltigen, krisenpräventiven Politik des Weißen Hauses zu rechnen.

Fazit: Mit einem an Sicherheit grenzenden Maß von Wahrscheinlichkeit werden sich als Folge der wieder völlig unkontrollierten Spekulationsgeschäfte der Banken und anderer Finanzmarktakteure neue Spekulationsblasen bilden, die in nicht zu ferner Zukunft platzen werden – aber die Folgen werden andere sein als bei der gegenwärtigen Krise.

10.3 Apocalypse Now

Die gegenwärtige Krise hat schlimme Folgen gehabt, hat sich aber immer noch im Rahmen zivilen Sozialverhaltens ausgewirkt: Man hat keine Banken in Brand gesteckt (bis auf die von Chaoten in Brand gesteckte Athener Bank), man ist nicht in offener Rebellion gegen die überbordende Staatsverschuldung auf die Straße gegangen, man hat zwar einzelne Privatvillen von Bankern vorübergehend belagert, aber mehr symbolisch. Niemand ist gelyncht worden, das politische und das wirtschaftliche System insgesamt ist weiterhin in Formen öffentlicher Friedfertigkeit akzeptiert worden – ja, die deutschen Wähler sind bei der Bundestagswahl 2009 den Verteilungsversprechen der *Linken* nicht erlegen, sie haben vielmehr auf Sicherheit und Verlässlichkeit gesetzt, und es hat kein *US-bashing* gegeben.

Auch ist die Zusammenarbeit Europas mit den USA – jedenfalls bei der Bekämpfung der zerstörerischen Folgen der gegenwärtigen Krise (im Gegensatz zur Krisenprävention zur Vermeidung einer Nachfolgekrise) – im Rahmen der eingespielten Diplomatie und der internationalen Zusammenarbeit in Finanzfragen recht gut gelaufen – trotz erheblicher Belastungen etwa durch den Krieg am Hindukusch und trotz der von den Amerikanern geforderten und schließlich von den Europäern widerwillig gewährten Weitergabe von europäischen Bankkontendaten.

Dies alles wird bei einer erneuten, wiederum durch Bankenspekulation ausgelösten Globalkrise völlig anders sein.

Die Menschen werden dann die Hoffnung auf eine bessernde Überwindung der Krise aufgegeben haben, es wird sie eine unbändige Wut auf die offenbar völlig lernunfähigen und nur auf Eigenprofit orientierten Banken ergreifen, man wird alles Vertrauen in eine die Bankenmacht domestizierende Politik verlieren (die Staaten werden ohnehin keine weiteren Mittel zur Vermeidung der schlimmsten Krisenfolgen aufbringen können), und jemand könnte sogar auf die Idee kommen, im real praktizierten amerikanischen Kapitalismus die eigentliche Ursache für die Krise zu sehen, was tiefgreifende Störungen im transatlantischen Verhältnis mit sich bringen könnte.

Das Ausmaß einer solchen zweiten Krisenwelle aus offenkundigem Verschulden der Banken, die schon die erste Krise ausgelöst hatten, und die Erkenntnis, dass diese Banken die zu ihrer Rettung eingesetzten Steuermittel zur Zerstörung der wirtschaftlichen und sozialen Lebensmöglichkeiten eben dieser Steuerzahler missbraucht haben, wird eine soziale Explosionskraft apokalyptischen Ausmaßes freisetzen.

Die fürchterliche Hybris, die in diesem Verhalten der Banken und etwa in dem „Sunday Times"-Interview des *Goldman-Sachs*-Chefs *Lloyd Blankfein* zum Ausdruck kommt (*„Ich bin bloß ein Banker, der Gottes Werk verrichtet")*, wird auch in selbstzerstörerischer Weise auf diese zurückschlagen: Es wird viele *Lehmann Brothers* geben.

Vielleicht ist es dieser Blick in den Abgrund – mit einem nicht auszuschließenden Rest an Realitätssinn auch bei den Verantwortlichen in der Wall Street –, der uns alle vor dem Sturz in diesen Abgrund bewahren wird. Und vielleicht wird dieser oder jener Banker mal wieder einen der grandios hellsichtigen Texte von *Karl Marx* in die Hand nehmen, die in ihren Voraussagen über das Scheitern des Kapitalismus an seinen inneren Widersprüchen beängstigende Aktualität gewonnen haben.

Marx beginnt seinen *„18. Brumaire des Louis Bonaparte"* mit einer nachdenkenswerten Ausformulierung der *Hegelschen* These zur Wiederholung der großen Geschichtsereignisse: *„Hegel bemerkt irgendwo, dass alle großen weltgeschichtlichen Thatsachen und Personen sich so zu sagen zweimal ereignen. Er hat vergessen hinzuzufügen: das eine Mal als große Tragödie, das andere Mal als lumpige Farce."*

Nun könnte man darüber spekulieren, welche der Welt-Systemkrisen im befürchteten Fall ihrer Wiederholung als Farce und welche als Tragödie einzuschätzen wäre. Der Notwendigkeit dieser Spekulation enthebt uns aber *Botho Strauß* in seinen Reflexionen *„Vom Aufenthalt"*[64] mit der Feststellung: *„Nicht bloß wiederholt sich die Tragödie in der Geschichte als Farce, sondern die Unentrinnbarkeit der Farce nimmt tragische Züge an."*

Aber vermutlich ist die Realität des Tragischen schon lange aus dem Denken der Finanzmarktjongleure und Kasino-Kapitalisten gelöscht worden. Und vermutlich haben sie die letztlich selbstzerstörerischen Folgen ihrer ausschließlichen Profitorientierung noch nicht erkannt oder verdrängen sie.

11.
Was zu tun ist: die Konstitutionalisierung des Finanzwesens

11.1 Krisenprävention durch rechtliche Domestizierung von Wirtschaftsmacht

Wir hoffen, gezeigt zu haben, dass die eigentliche Aufgabe im Zusammenhang mit der Welt-Systemkrise nicht deren Überwindung ist – so schwer freilich schon diese Aufgabe wäre. Die primäre Aufgabe ist vielmehr *zu verhindern, dass eine zweite Krise gleichen Ursprungs entsteht* – weil *diese* in ihren globalen Zerstörungswirkungen unabsehbar wäre.

Ist man bereit, die ungeheure Dimension dieser Aufgabe zu erkennen, wird deutlich, dass wir in den Kategorien einer Epochenwende denken müssen: Die kleinschnittigen Orientierungen des ökonomischen Denkens, zumal in der Reduktion auf die Bedingungen von Konjunkturzyklen, können jedenfalls bei dieser Dimension der Aufgabe nicht den angemessenen Orientierungsrahmen bieten.

Lehnt man sich zurück und fragt man sich, wann Menschen als Inhaber bestimmender Positionen die Fähigkeit hatten, ungebremst durch ein rechtliches Rahmenwerk ihre Entscheidungen der ganzen Gesellschaft eines Staates aufzuzwingen (und vielleicht darüber hinaus sogar andere Staaten mit in den Strudel der Folgen ihrer Entscheidungen zu reißen), so fällt einem neben der antiken Tyrannis vor allem die Zeit des Absolutismus ein.

Hellsichtigerweise hatte schon 1947 der herausragende Wirtschaftstheoretiker und Wirtschaftshistoriker *Joseph A. Schumpeter* den Kapitalismus als die wirtschaftsgesellschaftliche Organisationsform charakterisiert, die *„in Tat und Wahrheit eher das letzte Auflösungsstadium dessen (sei), was wir Feudalismus genannt haben“*.

Die Epoche des Absolutismus hat ihren Namen von der rechtlichen Ungebundenheit und der rechtlichen Unkontrolliertheit, der damaligen Herrscher; sie waren eben *legibus absolutus (gesetzesungebunden).*

Genau dies gilt auch für den dramatischen Aktionsfreiraum der großen Banken und anderer Großakteure des Finanzmarkts heute: Sie sind im Kern ihres Wertpapiergeschäfts, nämlich bei der Formatierung ihrer Papiere, an keinerlei rechtliche Vorgaben gebunden und unterliegen hier keiner Kontrolle.

Niemand kann ihnen bei der Entscheidung darüber hineinreden, welche Werte – oder angeblichen Werte – sie zu neuen, verkaufs- und finanzmarktfähigen Papieren zusammenbündeln, um sie dann unter einem wohlklingenden Namen mit Triple-A-Ratings und unter Inanspruchnahme ihres guten Namens zu verkaufen – mit astronomischen Gewinnen für ihr Institut und entsprechenden Boni für ihre Manager. Das heißt: Die Kasino-Kapitalisten haben die Fähigkeit, ihre eigenen (Profit-)Interessen gegen die Interessen anderer (insbesondere der geprellten Abnehmer und der für die produzierten Milliardenausfälle politisch-faktisch einstandspflichtigen Staaten) durchzusetzen.

Wer aber seine Interessen gegen die Interessen anderer durchzusetzen vermag, verfügt nach der Definition von *Max Weber* über *Macht*. Die spätestens seit dem Beginn des 19. Jahrhunderts einsetzende Domestizierung von Herrschermacht erfolgte in einem Prozess der *Konstitutionalisierung*: Die bisher verfassungsrechtlich und gesetzlich ungebundene Ausübung von Herrschermacht wurde durch Verfassungen an die Grundsätze der Gewaltenteilung, der demokratischen Willensbildung, der Rechtsstaatlichkeit und des Grundrechtsschutzes gebunden.

Genau dies muss nun mit der Macht der Banken, der Hedgefonds und anderer Finanzmarkjongleure geschehen. Hierbei muss man in Rechnung stellen, dass Bankenmacht aus drei Gründen noch zerstörerischer ist, als es Fürstenmacht jemals war: Zwar haben die Banken keine Macht über das Leben der von ihren Entscheidungen Abhängigen und können keine Kriege erklären, aber – im Gegensatz zu dem oft genug von landesväterlicher Verantwortlichkeit geprägten Regierungshandeln absoluter Herrscher – es fehlt bei den Banken, wie wir gezeigt haben, an der Praktizierung einer entsprechenden, moderierenden Verantwortungsethik.[65]

Zum zweiten hat sich die Bankenmacht und die der anderen Kasino-Kapitalisten als der Staatsmacht überlegen gezeigt: Die Banken konnten die Staaten *gegen deren Willen* dazu zwingen, ihre Rettung mit hunderten von Milliarden an Steuergeldern zu betreiben: Alle rechtsstaatlichen, demokratischen und grundrechtlichen Verfassungssicherungen, die *die Staatsmacht* bändigen, haben nichts gegen die zerstörerischen Wirkungen der *Bankenmacht* vermocht.

Finanzwirtschaftlich begründete *und in ihrem Kern rechtlich ungebundene Privatmacht* hat sich als der rechtlich gebundenen und demokratisch zu verantwortenden *Staatsmacht* überlegen gezeigt: *So hat die Welt-Systemkrise ein Rechtsvakuum zutage gefördert, das hochgradig zerstörerische Wirkungen entfaltet hat und wieder entfalten kann. Die Beseitigung dieses Vakuums ist damit zu einer Überlebensfrage unserer staatlich organisierten Gesellschaft geworden.*

Damit stellt sich die entscheidende Frage, ob die demokratisch legitimierte Staatsmacht noch die Kraft und Durchsetzungsfähigkeit gegenüber der Bankenmacht aufbringen kann, dieses Rechtsvakuum zu füllen.

11.2 Die vergessenen Lehren des Neoliberalismus

In der politisch-oberflächlichen Diskussion um Fragen einer „richtigen" oder „gerechten" Wirtschaftsordnung wird der Vorwurf des *„Neoliberalismus"* seit einigen Jahren als politischer Kampfbegriff gegen die rechtliche Entgrenzung von Wirtschaftsmacht gebraucht. So richtig die Zielsetzung dieser Kritik ist, so falsch ist hierfür der Gebrauch des Begriffes *„neoliberal"*, jedenfalls dann, wenn man den Begriff des *Neoliberalismus* im Sinne der Geschichte der Wirtschaftstheorie versteht. Dann wird mit der nun gängig gewordenen Kampfvokabel „neoliberal" sogar das genaue Gegenteil dessen bezeichnet, was *der wissenschaftliche Neoliberalismus* vertreten und gewollt hat, nämlich die entschiedene Domestizierung wirtschaftlicher Macht im Interesse eines funktionsfähigen Wettbewerbs und der Wahrung der Freiheit der einzelnen (nicht mächtigen) Marktteilnehmer gegenüber marktbeherrschenden Unternehmen.

Diesem Grundkonzept war insbesondere die deutsche Variante des Neoliberalismus, nämlich der *Ordoliberalismus* der *Freiburger Schule der Nationalökonomie* verpflichtet, deren Wirken mit den Namen von *Walter Eucken, Franz Böhm, Leonhard Miksch* und *Hans Großmann-Doerth* verbunden ist. Der *Ordoliberalismus* bejahte im Grundsatz die markförmige Koordination der Wirtschaftspläne der einzelnen Marktteilnehmer zur Erreichung einer Reihe wirtschaftspolitisch sinnvoller Ziele, sah aber die Gefahr von Verfälschungen des marktgesteuerten Wettbewerbs durch wirtschaftliche Machtzusammenballungen, sei es im Wege von Marktabsprachen (Kartellen) oder durch übermäßiges, Marktmacht vermittelndes Größenwachstum einzelner Marktteilnehmer (Monopole).

Der ordoliberale Neoliberalismus hatte damit der Paradoxie Rechnung getragen, dass aus der Freiheit wirtschaftlichen Handelns dann Unfreiheit (für andere Marktteilnehmer) erwächst, wenn diese Freiheit in Durchsetzung von Marktmacht missbraucht wird. Und es war für den Ordoliberalismus klar, dass nur *der Staat* – mit Wirtschaftsmacht begrenzender Gesetzgebung und Installation einer die Einhaltung dieser Gesetzgebung kontrollierenden Instanz – das System des unverfälschten Wettbewerbs gewährleisten konnte: Der Ordoliberalismus plädierte damit entschieden für einen starken Staat, der die wirtschaftliche Macht in gemeinwohlorientierter Weise an Rechtsregeln zu binden vermochte.

Roger de Weck hat in seinem verdienstvollen Traktat zur Welt-Systemkrise[66] zu Recht an einen Vortrag von *Alexander Rüstow*, dem Schöpfer des Begriffs *„Neoliberalismus"*, aus dem Jahr 1932 erinnert, der mit dem Satz endet: *„Der neue Liberalismus, der heute vertretbar ist, und den ich mit meinen Freunden vertrete, fordert einen starken Staat, einen Staat oberhalb der Wirtschaft, oberhalb der Interessenten, da, wo er hingehört. Und mit diesem Bekenntnis zum starken Staat im Interesse liberaler Wirtschaftpolitik und zu liberaler Wirtschaftspolitik im Interesse eines starken Staates – denn das bedingt sich gegenseitig –, mit diesem Bekenntnis lassen sie mich schließen."*

Aus diesem Geist ist in der Bundesrepublik Deutschland mit der Verabschiedung des deutschen Kartellgesetzes 1957 die Kartellaufsicht erwachsen, die seit dieser Zeit jedenfalls schlimme Auswüchse des Missbrauchs von Marktmacht verhindert hat. Und ebenso wie damals die Notwendigkeit einer effizienten Kartellgesetzgebung erkannt und gegen widerstreitende Interessen durchgesetzt wurde, muss der nationale Gesetzgeber, müssen die zuständigen Gremien der EU und muss die internationale Staatengemeinschaft die historische Aufgabe einer rechtlichen Domestizierung des Kasino-Kapitalismus erkennen und sich dieser Aufgabe gegen alle Widerstände stellen, auch wenn von interessierter Seite alle möglichen Argumente hiergegen vorgebracht und mit intensivster Lobbyarbeit unterfüttert werden.

Abschließend wollen wir uns nun der Frage zuwenden, welche Maßnahmen zur Erfüllung dieser Aufgabe erforderlich und geeignet sind.

11.3 Rechtliche Eckpfeiler einer krisenvermeidenden Finanzmarktkontrolle

Die Regelungsziele einer rechtlichen Domestizierung von finanzwirtschaftlichen Machtpositionen sind andere als die der Kartellgesetzgebung. Während mit der Kartellgesetzgebung ein möglichst unverfälschter Wettbewerb auf den vorhandenen und in ihrer Weiterexistenz nicht in Frage gestellten Märkten gesichert werden soll, geht es bei der Kontrolle der Finanzmärkte um die Sicherung des Fortbestandes des grundsätzlich marktkoordinierten Wirtschaftssystems überhaupt: Kartellpolitik will *Verfälschungen* (des Subsystems „Markt") verhindern, Finanzmarktkontrollpolitik will *Zerstörung* (des Gesamtsystems) verhindern.

Aus diesen unterschiedlichen Zielsetzungen ergeben sich auch unterschiedliche Politikorientierungen und entsprechend unterschiedliche Mittel zur Erreichung der differenten Ziele, und die unterschiedlichen Politiken rekurrieren auf unterschiedliche Einsichtsstände und Erfahrungen. Während die Kartellgesetzgebung auf einer hoch entwickelten Marktverhaltenslehre aufbauen und von dort maßgebliche Orientierungen und Tatbestandsmerkmale übernehmen konnte, gibt es für eine letztlich nur global wirksame Kontrollpolitik des Finanzmarkts noch keine wissenschaftlich aufgearbeiteten und allgemein akzeptierten Einsichtsstände, sondern nur verschiedene Ansätze hierzu.

In dieser Situation weitgehender wissenschaftlicher Orientierungslosigkeit empfiehlt es sich, schlicht von den analysierten Ursachen der gegenwärtigen Krise auszugehen und die Maßnahmen zu ergreifen, die eine Wiederholung der Krise dadurch möglichst unwahrscheinlich machen, dass die Krisenursachen ausgeschlossen werden. Diese Überlegung weist auf sechs Aktivitätsfelder:

Erstens: Das Verfahren kollusiver Selbstbereicherung im Zusammenspiel von Banken, Rating-Agenturen und Versicherungen muss ausgeschlossen werden;

Zweitens: Es dürfen keine in ihrem Risikogehalt nicht einschätzbare Mischpapiere (Derivate) mehr ohne Bestätigung ihrer Transparenz und Bonität im Wege eines Zertifizierungsverfahrens gehandelt werden;

Drittens: Der Wertpapierhandel sollte generell einer auch mengenmäßigen Moderierung unterworfen werden, damit einer Blasenbildung vorgebeugt wird;

Viertens: Die auf die Erlangung möglichst hoher und möglichst schneller Boni-Zahlungen gerichtete Verantwortungslosigkeit und Risikovergessenheit der *„Zirkulationsagenten" (Karl Marx)* muss durch eine neue Verantwortungsstruktur unterbunden werden;

Fünftens (und mit der Schaffung einer wirksamen Verantwortungsstruktur zusammenhängend) müssen Insolvenz und geordnete Abwicklung auch (angeblich) „systemrelevanter" Banken wieder möglich sein.

11.3.1 Unterbindung des Systems kollusiver Selbstbereicherung

Die Unterbindung des Systems kollusiver Selbstbereicherung ist die zentrale Aufgabe bei der Installation einer wirksamen, das Entstehen einer neuen Krise verhindernden Kontrolle des Finanzmarktes. Sie muss im Wege eines Mehrfach-Sicherungssystems sowohl bei den Handlungsvoraussetzungen der beteiligten Akteure ansetzen, als auch die bisher möglichen Verfahren ihres kollusiven Zusammenwirkens ausschließen, und sie muss durch die in den folgenden Abschnitten vorgeschlagenen Kontrollmechanismen ergänzt werden.

Da sind als erste *die Banken* in den Blick zu nehmen – ein Thema, das inzwischen Bibliotheken zu füllen beginnt. Uns kann es im Zusammenhang mit der Krisenprävention nicht um eine umfassende Aufarbeitung der komplexen und komplizierten Probleme der Banken gehen. Vielmehr weisen wir zur Eingrenzung und Strukturierung unseres Themas zum einen darauf hin, dass wir zwei große Themenblöcke nicht behandeln, weil sie mehr mit der Abarbeitung der gegenwärtigen Krise zu tun haben (wie der Umgang mit den fast völlig wertlos gewordenen Mischpapieren, die viele Banken gehortet haben und die nun irgendwie – auch bilanzmäßig und steuerrechtlich – entsorgt werden müssen) oder spezielle Teilaspekte schon längerfristig virulenter Problemlagen betreffen, die durch die große Krise erst jedermann erkennbar zutage getreten sind (wie die Turbulenzen bei vier der sieben deutschen Landesbanken).

Es ist auch völlig klar, dass bei der Rede von *„den Banken"* ein finanzwirtschaftliches Organisationsabstraktum benannt wird, das in einer in allen Merkmalen identischen Form überhaupt nicht existiert. Vielmehr stellen sich die Probleme *„der Banken"* nach Typus, Hauptgeschäftsfeldern und Organisationsform sehr unterschiedlich dar.

Aber: Wann immer Banken Wertpapieremissionen in großem Stil betreiben, sind sie nach den mit der Entstehung der gegenwärtigen Krise gemachten Erfahrungen *potentielle Krisenquellen* und müssen damit einer krisenpräventiven Kontrolle unterworfen werden.

Wir wollen auch der Versuchung widerstehen, den reizvollen Aspekten nachzugehen, die sich aus einer Behandlung dieser Krise aus linker, systemkritischer Sicht ergeben. So hat *Joachim Bischoff* in seiner Abhandlung *„Jahrhundertkrise des Kapitalismus. Abstieg in die Depression oder Übergang in eine andere Ökonomie?“*[67] eine Ursachenverbindung zwischen der Konzentration des gesellschaftlichen Reichtums und der Entstehung der gegenwärtigen Krise hergestellt und damit sehr weitreichende Feststellungen und Forderungen verbunden: *„Soweit es auf mittlere Sicht keine Nivellierung der Einkommensunterschiede und Aufhebung der sozialen Spaltung gibt, dürfte eine Reform des Finanzsystems ins Leere laufen… Daher ist eine Bedingung für die erfolgreiche Stabilisierung eine substanzielle Umverteilung. Außerdem muss die Privatisierung wesentlicher Formen der sozialen Sicherheit gestoppt und rückgängig gemacht werden (Altersrenten, Gesundheit, Bildung)….. Die Krise hat gezeigt, dass Markt- und Kapitalsteuerung ohne politische Regulierung und demokratische Kontrolle erneut eine gesellschaftliche Katastrophe verursacht haben…. Finanzstabilität, Steuergerechtigkeit, soziale Gerechtigkeit und Nachhaltigkeit müssen Vorrang haben vor freiem Kapital-, Güter- und Dienstleitungsverkehr und soziale Rechte sowie die Sicherung der historischen Errungenschaften der Lohnabhängigen müssen gewährleistet sein.“*

Abgesehen von der inhaltlichen Nachvollziehbarkeit von *Bischoffs* Thesen (war es wirklich die Konzentration des *real vorhandenen* wirtschaftlichen Reichtums, die die Krise ausgelöst hat, oder war es nicht die Fähigkeit, eine Riesenblase von *fiktivem* Kapital zu erzeugen?), sind seine Vorschläge zur Stabilisierung des Finanzmarktes zu weitgehend und zu unbestimmt, um mit der nötigen Nachhaltigkeit und in einem überschaubaren Zeitraum krisenpräventiv zu wirken. Wir wollen uns vielmehr auf einige wenige Vorschläge mit dem Hauptziel konzentrieren, eine Wiederholung der gegenwärtigen Krise zu vermeiden.

Hauptziel bei der Neuregulierung des rechtlichen Handlungsrahmens der Banken muss es sein, die Möglichkeit zur *Privatisierung (absurd hoher) Gewinne* bei gleichzeitiger *Sozialisierung der Verluste* zu unterbinden.

Solange die Bankfunktionäre – wegen der politisch-faktischen Einstandsbereitschaft der Staaten für die Verluste der „systemrelevanten" Banken – die Folgen ihrer unverantwortlichen Transaktionen nicht zu tragen haben, werden sie immer wieder in Versuchung geraten, aus privatem Gewinnstreben unverantwortbare Risiken einzugehen. Aus dieser Einsicht ergeben sich für die krisenpräventive Regulierung des Bankensektors folgende Forderungen:

- eine klare institutionelle und eine private *Haftungsverantwortlichkeit* von Banken und Bankern;
- eine deutliche *Erhöhung der Eigenkapitalquote* von derzeit vier Prozent auf mindestens das Doppelte, damit die Banken im Haftungsfall auch aus eigenen Mitteln ersatzfähig sind;
- *eine Bindung der Bonizahlungen in der endgültigen Höhe an die längerfristige, nachhaltige Gewinnsituation* der jeweiligen Bank (über eine besondere Bonibesteuerung nach englischem Vorbild bleibt gemeinsam mit anderen betroffenen Staaten nachzudenken);
- *Emission von und Handel mit Wertpapieren darf nur mit zertifizierten Papieren erfolgen*, deren Risikogehalt möglichst transparent ist und die von einer Aufsichtsinstanz zum Handel frei gegeben sind;
- Schließlich muss *die Bankenaufsicht nachhaltig effektiver* werden. Das Nichtgreifen der Kontrollfunktionen aller schon vorhandenen Kontrollinstanzen bei der Auslösung der gegenwärtigen Krise muss jedem Verantwortlichen eine nachhaltige Warnung und Aufforderung zum Abstellen dieses folgenreichen Defizits sein.

Damit sind wir bei der folgenreichsten Fehlkonstruktion im gegenwärtigen System der kollusiven Selbstbereicherung, nämlich bei den so genannten *Rating-Agenturen*.

Ursprünglich waren sie als eine Art Finanz-TÜV gedacht, der – in Kategorien des deutschen Rechts ausgedrückt – als staatlich beliehener Unternehmer mit seinen Ratings für wirklichkeitsgerechte Einschätzungen der Bonität von Papieren, Firmen und Staaten sorgen und so den Finanz-Transaktionsmarkt vor unseriösen Machenschaften bewahren sollte. Tatsächlich haben aber die vier bekannten großen Rating-Agenturen aus Downtown-Manhattan ihre (auch staatlich geförderte! – s. oben Kapitel 8) Monopolpositionen dazu missbraucht, das Gegenteil von der Erfüllung ihrer eigentlichen Aufgaben zu tun: Sie haben aus ungezügelter Gewinnsucht hoch unseriöse Kapitalmarkt-Transaktionen zusammen mit den Banken und einigen Großversicherern möglich gemacht und damit den größten Kladderadatsch der neuzeitlichen Finanzgeschichte ausgelöst. Zwei Fehlkonstruktionen haben ihnen dieses destruktive Wirken ermöglicht: Ihre rein privatrechtliche Organisationsform und die Tatsache, dass sie bei ihren Ratings an keinerlei rechtliche Vorgaben gebunden sind und – anders als Banken, Börsen und Versicherungen – keiner Finanzaufsicht unterliegen. Es war und ist ihnen selbst überlassen, ob sie *freiwillig* die *Standards der Internationalen Vereinigung der Wertpapieraufseher (IOSCO)* einhalten wollen oder nicht. Damit sind die Rating-Agenturen privatrechtlich agierende Firmen, die interessierten Kunden Bonitätseinschätzungen für die von ihnen zur Emission vorgesehenen Papiere *verkaufen*, aber keinerlei unabhängige Einschätzung nach rechtlichen Vorgaben und unter staatlicher Kontrolle leisten.

Als folgenreich-fatal hat sich die bereits angeführte Veränderung der Gegenleistungsverhältnisse erwiesen: Während die Rating-Agenturen früher von den (potentiellen) Abnehmern der Papiere bezahlt wurden und damit deren Schutz im Sinn haben mussten (und in dieser Funktion eher zur einer vorsichtigen Bonitätseinschätzung der jeweiligen Papiere neigten), waren sie mit der Umstellung auf die Entlohnung durch die Emittenten zu deren Erfüllungsgehilfen geworden („*Wes' Brot ich ess'...*") – und verteilten freigiebigst die von ihren Auftraggebern gewünschten Triple-A-Ratings auch für Ramschpapiere, denn sie wollten ja ihre Kunden behalten und vermeiden, dass diese sich im Wege des Rating-Hoppings beim Konkurrenten das holen, was sie dem Kunden verweigert haben.

Rein privatrechtlich agierende Rating-Agenturen ohne Rechtsbindung und aufsichtliche Kontrolle in ihrem Rating-Kerngeschäft hören ersatzlos abgeschafft. Insbesondere der amerikanische Staat sollte alle Anforderungen aufheben, mit denen er vor allem Bankgeschäfte von einem Rating abhängig macht – gleich, ob sie irgendeine rechtliche Verbindlichkeit haben oder „nur" als autoritativer Hinweis zu verstehen sind. Die überkommenen Rating-Agenturen sind nach unseren Vorschlägen zu einer krisenpräventiven Verantwortungsstruktur (s. unter 12.3.2 und 12.3.6) ohnehin überflüssig, da wir eine Zertifizierung jedenfalls aller Mischpapiere durch eine unabhängige, zur Einhaltung nachhaltiger gesetzlicher Vorgaben verpflichtete Instanz unter staatlicher Kontrolle zur Vermeidung einer neuen Blasenbildung auf dem Finanzmarkt für erforderlich halten.

11.3.2 Misch- und Wettpapiere dürfen nur nach Zertifizierung ausgegeben und gehandelt werden

Die Pollution der Finanzmärkte mit in ihrem Risikogehalt undurchsichtigen Mischzertifikaten und Papieren mit dubiosem Wettcharakter – wie insbesondere bei den sog. „Leerverkäufen" – hat nicht nur maßgeblich zum Entstehen der gegenwärtigen Krise beigetragen, hat nicht nur den Verlust von Sparguthaben und Alterssicherheiten zur Folge gehabt, sondern sie erschwert nun auch eine Sanierung der Banken, die noch in Milliardenhöhe solche Ramschpapiere in ihren Bilanzen haben.

Die Perversität von sog. „Leerverkäufen" besteht darin, dass sie auf einer Spekulation auf fallende Kurse geliehener Wertpapiere beruhen: Nur wenn der Ausleiher solcher Papiere diese Papiere zu einem Kurs zurückkaufen kann, der unterhalb des Verkaufspreises liegt, fällt ein Gewinn an. *Hans-Werner Sinn* weist darauf hin[68], dass auch bei überkommenen Wertpapier-Termingeschäften auf fallende Kurse spekuliert wird, jedoch mit dem Unterschied, dass die Kurse bei herkömmlichen Termingeschäften stabilisiert werden, während sie durch Leerverkäufe destabilisiert werden:

„Der Terminverkäufer stabilisiert die zukünftigen Börsenkurse, denn das Geschäft, das ihm Gewinne verschafft, treibt den Börsenkurs in die Richtung des Terminkurses. Je mehr Spekulanten in Termingeschäften engagiert sind, desto stabiler die Börse. Mit ihrer Aktivität machen die Terminspekulanten sich ihr eigenes Geschäft kaputt, aber genau deshalb stabilisieren sie den Markt.

Anders ist es bei den Leerverkäufen. Zwar treiben auch sie den zukünftigen Börsenkurs wieder hoch, doch zunächst einmal wird dieser Kurs durch den Verkauf der geliehenen Papiere heruntergedrückt. Es entsteht also eine Abwärts- und Aufwärtsbewegung bei den Kursen, die es ohne die Leerverkäufe so nicht gegeben hätte. Insofern destabilisieren Leerverkäufe den Markt."

Zur Vermeidung der destruktiven Folgen der Emission und des Handels mit intransparenten Misch- und Wettpapieren, sollten sie nur dann Gegenstand von Finanzmarkt-Transaktionen werden dürfen, wenn sie von einer unabhängigen Instanz nach strikt vorgegebenen Maßstäben zertifiziert worden sind. Ohne Zertifizierung muss der Handel mit solchen Papieren verboten werden, und zwar unter Strafandrohung, damit den Händlern und Emittenten ihre Verantwortung bei der Ausgabe und dem Handel mit solchen Papieren bewusst wird. Mit dem Zertifizierungsverfahren würden zugleich die (herkömmlichen) Ratings überflüssig werden und damit auch die „Rating-Agenturen".

Maßstäbe, Verfahren und Instanzen der Zertifizierung müssen noch im einzelnen ausgearbeitet werden. Wichtig ist vor allem, dass es hierbei kein Monopol mehr geben darf, wie das zur Zeit noch beim Rating-Verfahren einiger weniger amerikanischer Rating-Agenturen der Fall ist (s. o., Kapitel 8). Hier ist insbesondere die EU aufgerufen, gemeinsam mit ihren Mitgliedsstaaten eigene Instanzen, Maßstäbe und Verfahren für das neue „Rating" zu entwickeln: Das Schicksal des Welt-Finanzmarktes darf nicht länger von Downtown-Manhattan aus bestimmt werden.

11.3.3 Mengenmäßige Begrenzung des Wertpapierhandels und Einführung einer Finanztransaktionssteuer

Während bei dem skizzierten Zertifizierungsverfahren anhand markanter Seriositätskriterien (wie: Auskunft über die in den Papieren verbrieften Werte, Risikohaltigkeit der Papiere, Transparenz ihrer Struktur, Haftungsverantwortung für Aufklärungsmängel) dem Anleger wesentliche Informationen über die *qualitative Bewertung* der Papiere gegeben werden, ist zusätzlich durch nachhaltig wirksame Maßnahmen eine *quantitative Kontrolle* der Emission bestimmter Wertpapiertranchen einzuführen. Hiermit soll zumindest die eine Quelle der Blasenbildung verstopft werden, nämlich *die mengenmäßige Überflutung der Finanzmärkte* mit bestimmten Papieren – die *Blasenbildung durch Spekulationsüberhitzung* ist damit allerdings noch nicht ausgeschlossen. Aber es macht doch einen großen Unterschied, ob ein spekulativ hoch fieberndes Papier drei Millionen oder dreißig Millionen mal auf dem Markt gehandelt wird; die Wertverluste beim Platzen einer spekulativ aufgedunsenen Blase sind dann entsprechend geringer.

Und natürlich muss die *Finanztransaktionsteuer* kommen. *Keynes* hatte schon 1936 eine Besteuerung finanzieller Transaktionen gefordert, *„um die Vorherrschaft der Spekulation abzuschwächen"*, 36 Jahre später hatte der amerikanische Ökonom *James Tobin* eine Besteuerung aller internationalen Devisengeschäfte gefordert und nun, nach weiteren gut 36 Jahren, ist es an der Zeit, mit der Realisierung der Kapitalmarkt-Besteuerung Ernst zu machen, denn sie hätte (mindestens) drei sehr positive Effekte:

- *Zum einen* könnte sie zu einer dringend notwendigen Moderierung von Finanztransaktionen beitragen,
- *zum zweiten* würde sie zu einer ebenso dringend notwendigen Geldabschöpfung auf dem Kapitalmarkt beitragen und
- *zum dritten* würde sie die Haushaltsnöte der Staaten lindern, die durch die Rettung von Banken im Zusammenhang mit der von diesen ausgelösten Krise massiv verschlimmert worden sind.

Hier kursieren ja abenteuerliche Zahlen und Szenarien: So soll eine Kapitalmarktsteuer in Höhe von 0,01 bis 0,1 % allein für den Bund jährliche Mehreinnahmen von 20 bis 30 Milliarden Euro zur Folge haben. Sollten diese Annahmen zutreffen, so würde ein Steuersatz von wahrlich zumutbaren ein bis drei Prozent die öffentlichen Hände von allen Finanznöten befreien, den Banken das Odium der Steuerdiebe nehmen und zu einer fast unvorstellbaren sozialen Versöhnung mit den dann in ihrem Finanzgebaren wieder allgemein akzeptierten Banken führen. Ein unglaublicher Gewinn für das Gemeinwohl bei minimalen Gewinneinbußen für (in der Regel gut betuchte) Private; das verhängnisvolle Mantra der Privatisierung der Gewinne bei gleichzeitiger Sozialisierung der Verluste würde umgekehrt!

11.3.4 Effektive Finanzmarktkontrolle

Wir hatten in Kapitel 7 festgestellt, dass die Welt-Systemkrise auch dadurch zu ihrer eigentlichen Virulenz gelangen konnte, weil *alle* vorhandenen Kontrollinstanzen versagt haben. Dies gilt nicht nur für die unternehmensindividuellen Aufsichtsgremien, sondern auch für die kapitalmarktorientierten. Über die Rechte der ersteren ist im Rahmen der längst fälligen, aber erst mittelfristig zu realisierenden Aktien- und GmbH-Rechts-Reform nachzudenken, und zwar auch und gerade hinsichtlich der eingespielten Besetzungsverfahren von Aufsichtsräten, die zur Zeit als Geschäfte auf Gegenseitigkeit praktiziert werden und die auch deshalb keine wirksame Kontrolle gewährleisten können. Effektive und unabhängige Gremien der

Finanzmarktkontrolle können zwar wegen der Notwendigkeit internationaler Abstimmung auch nicht von heute auf morgen installiert werden, dürften aber wegen ihrer speziellen Aufgabenstellung weniger umstritten sein. Vermutlich ist hier ein zweistufiges Kontrollsystem angezeigt, nämlich auf nationaler und auf übernationaler Ebene. Wichtig für die Konstruktion dieser Kontrollgremien ist ihre doppelte Unabhängigkeit, nämlich einmal von staatlichen Weisungen und zweitens von den Eigeninteressen der zu kontrollierenden Banken und sonstigen Kapitalmarkttransakteure. Deshalb ist es nachvollziehbar, dass der Vorsitzende des Bankenausschusses im amerikanischen Senat, *Senator Christopher John Dodd,* einen Gesetzentwurf zur Neuordnung der Finanzmarktaufsicht vorgelegt hat, durch den die Aufgaben der amerikanischen Zentralbank bei der Bankenaufsicht auf eine neu zu schaffende Regulierungsbehörde übertragen werden soll, in der der Vorsitzende der FED nur eines von neun Mitgliedern sein soll. Nachdem ja die FED unter ihrem Vorsitzenden *Alan Greenspan* durch hemmungslose Kapitalüberflutung des Bankensektors bei gleichzeitiger Niedrigstzinspolitik die krisenauslösende Finanzblase mit geschaffen hat, kann man die Dodd-Initiative insofern nur begrüßen.

Als Aufsichtsgremien auf übernationaler Ebene hat *Hans-Werner Sinn (Kasino-Kapitalismus, S. 300)* den IWF oder sogar die UNO mit Aufsichts- und Anweisungskompetenzen ins Spiel gebracht – zwei Vorschläge, die sicher noch eingehend zu erörtern sein werden. Vermutlich sollten aber auch auf übernationaler Ebene neu zu schaffende Gremien, vielleicht unter Beteiligung von UNO, IWF und Weltbank, mit koordinierenden Kontrollaufgaben bei der Finanzmarktaufsicht geschaffen werden.

11.3.5 Insolvenzfähigkeit „systemrelevanter“ Banken

Nach einem älteren Bonmot ist die letzte Instanz in der Planwirtschaft der Scharfrichter, in der Marktwirtschaft der Konkursverwalter. Der Verlauf der gegenwärtigen Großkrise hat jedoch gezeigt, dass der zweite Teil dieser Feststellung jedenfalls dann nicht zutrifft, wenn der Pleitier eine – nach welchen verborgenen Maßstäben auch immer – als „systemrelevant“ eingestufte Bank ist: Dann ist die letzte Instanz der Staat, und zwar nicht als Exekutionsinstanz, sondern als rettender Nothelfer. Das heißt, dass für „systemrelevante“ Banken das alte Gesetz der Risiko-Selbstträgerschaft in einer Marktwirtschaft nicht gilt. Dies hat in doppelter Weise höchst fatale Folgen für das Geschäftsgebaren der Banken: Zum einen brauchten sie für die (auch selbst-)zerstörerischen Konsequenzen ihres bisherigen Tuns nicht einzustehen, sondern wurden *(bei Einbehalt ihrer persönlichen Riesengewinne aus den krisenauslösenden Geschäften)* mit staatlichen Steuergeldern gerettet, und zum zweiten könnten sich zumindest einige der leitenden Bankherren in ihrem unseriösen Finanzgebaren mit der Folge bestätigt finden, auch in Zukunft für den äußersten Notfall wieder auf den rettenden Staat zu vertrauen – und damit erneut bereit sein, unverantwortbare Risiken einzugehen. Erst wenn jedem Banker bewusst ist, dass das Schicksal von *Lehman Brothers* auch ihrem Institut und damit ihrer eigenen Position in diesem Institut drohen könnte, wird wieder eine Chance bestehen, seriösem Geschäftsgebaren und damit der Vermeidung des Entstehens einer neuen Krise den Vorrang vor einem profitorientierten Übermaß an Risikobereitschaft zu geben. Das heißt: Auch die sog. „systemrelevanten" Banken müssen rechtlich und politisch-praktisch insolvenzfähig sein. Hierfür wird man dem Vorschlag von Bundesbankpräsident *Axel Weber* folgen können, ein spezielles Insolvenzrecht für Banken zu schaffen, das international abzustimmen ist, damit die (verschärfte) Bankenaufsicht über Grenzen hinweg einheitlich und rechtssicher handeln kann (*Süddeutsche vom 17.08.2009, S. 18 „Ich warne davor, das Ende der Krise zu früh auszurufen"*).

12.
Dark Age Ahead? Was zu erwarten ist

Fragen wir abschließend danach, welche Chancen die von uns skizzierten Vorschläge haben, realisiert zu werden, um eine neue Krise zu vermeiden. Aus drei Gründen muss sich hier Skepsis einstellen: zum einen wegen der Nachhaltigkeit der Eigeninteressen der Finanzmarktakteure, zum anderen wegen der politischen Handlungsschwäche der entscheidenden Staaten USA und England – und zum dritten schließlich, weil die aufgezeigten Probleme nur in übernationaler Zusammenarbeit gelöst werden können – eine aus heutiger Sicht unrealistische Prämisse.

Die erste Hürde, eine verschärfte Finanzmarktkontrollen einzuführen, liegt in den nachhaltigen Eigeninteressen der Banken und der übrigen Finanzmarktakteure, die von der gegenwärtigen Situation profitieren (im wahrsten Sinne des Wortes!), und in deren politischer Macht.

Zutreffend hat *Roger de Weck* in seinem Traktat[69] festgestellt: *„Doch trotz Krise stößt jede Tendenz einer neuen Marktlogik auf verbissene Gegenwehr, denn sie gefährdet den Besitzstand der Wort- und Wirtschaftsführer. Diese ahnen: Ein anderer Kapitalismus ruft nach neuen, aufgeklärten Spielmachern und nach neuen, für sie höchst unbequemen Spielregeln."*

Die Intensität der Lobbyaktivitäten der „Wort- und Wirtschaftsführer", – besonders in den USA[70], aber auch in Deutschland und in anderen Ländern – belegt die Wirksamkeit, mit der diese ihre Interessen wahrnehmen, ebenso wie die Tatsache, dass alle Kontrollinitiativen der Gesetzgeber bislang ins Leere liefen.

Insbesondere die Banken haben es in jüngster Zeit hervorragend verstanden, ihre Bedeutung als Kreditgeber für das Wiederanspringen der Konjunktur auszuspielen: Welcher Politiker, welche politische Partei, deren politischer Erfolg doch so untrennbar mit einer möglichst florierenden Wirtschaft verbunden ist, würde es wagen, gegen das von den Banken formulierte „Allgemeininteresse" zu handeln und sie als potentielle Aufschwungpartner vor den Kopf zu stoßen?

Auf den zweiten Hinderungsgrund, nämlich die politische Handlungsschwäche „der Politik" gegenüber den mächtigen Eigeninteressen der Banken, insbesondere in den USA und in England, sind wir bereits in Kapitel 10 eingegangen. Wenn auch die asiatischen Börsen und Banken zunehmend an Bedeutung gewinnen mögen, wenn auch die EU und die EZB irgendwann eine stärkere Rolle in der internationalen Finanzpolitik wahrnehmen mögen – auf absehbare Zeit werden weiterhin die Wall Street und die Londoner City hier die erste Geige spielen. Das heißt aber, dass ohne Washington und Westminster keine wirksame Politik zur Regulierung der Finanzmärkte betrieben werden kann.

Der dritte Hinderungsgrund liegt schließlich in den immensen Schwierigkeiten, eine übernationale Finanzmarktregulierung abzustimmen. Denn allein innerhalb der EU gibt es höchst unterschiedliche Vorstellungen über das Ob und das Wie der zu ergreifenden Maßnahmen – wobei interessanterweise die unterschiedlichen Positionen maßgeblich davon abhängen, ob deren Vertreter von diesseits oder jenseits des Kanals stammen.

Und alle drei Hinderungsgründe werden noch durch den Faktor Zeit verstärkt: Je länger die Banken wieder *business as usual* betreiben können, je mehr Banken durch Rückzahlung öffentlicher Gelder wieder aus der staatlichen Kuratel entlassen werden und je mehr sich Anzeichen eines Wiederanspringens der Konjunktur zu mehren scheinen, desto geringer werden die Chancen, eine neue Finanzmarktpolitik durchzusetzen.

Fazit: Da aus den genannten Gründen eine effektive Krisenprävention – durch Einrichten eines gesetzlichen Rahmenwerks und vor allem wirksamer Kontrollinstanzen, die über die Einhaltung eines solchen Rahmenwerks wachen können (weil sie mit ausreichenden Kompetenzen für wirksame Eingriffe ausgestattet sind) – sehr unwahrscheinlich ist, kann uns nur noch ein Wunder vor einer zweiten Großkrise retten.

Ein solches Wunder müssten die Banken und die anderen Kapitalmarktakteure jedoch *gegen ihre vordergründigen Profitinteressen vollbringen* – was den eigentlichen Wundercharakter eines solchen Rettungsverhaltens ausmachen würde!.

Letztlich aber könnte die Einsicht in die Alternative rettend wirken:

- Entweder so weiterzumachen wie bisher (in der Hoffnung auf erneute Staatshilfe für den Extremfall) – um dann doch wie *Lehman Brothers* und hunderte anderer Bankinstitute weltweit schon bald in den Abgrund der Nichtexistenz zu stürzen,

– oder der finanzwirtschaftlichen Vernunft und der gesamtgesellschaftlichen Verantwortung zu folgen und damit auch die eigene Existenz zu sichern.

Sobald die Einsicht gewonnen ist, dass es real nur diese Alternative gibt, dürfte die Grundentscheidung gar nicht mehr so schwer fallen – so schwer es freilich auch dann noch wäre, eine solche Entscheidung gegen alle vordergründigen Profitverlockungen durchzuhalten.

Zum aktuellen Stand: Die „Bankenabgabe“ – ein populistisches Ablenkungsmanöver der Bundesregierung?

Einen ersten Beleg für unsere skeptischen Erwartungen liefert die von der Bundesregierung geplante Einführung einer *Bankenabgabe,* die von anderen Skeptikern wegen ihrer geringen Höhe (insgesamt etwa eine Milliarde Euro pro Jahr) schon als *„Mini-Bankenabgabe“* verhöhnt wurde, die nur ein *„populistisches Ablenkungsmanöver“* sei.[71] Bei genauerem Betrachten der (im Mai 2010) noch nicht voll ausgereiften Pläne der Bundesregierung kommt man zu einem differenzierteren Urteil – wobei man im Grundsatz zwischen *Problemen der fehlenden Zweckeindeutigkeit der geplanten Bankenabgabe insgesamt* und *Konstruktionsproblemen im einzelnen* unterscheiden muss:

Fehlende Klarheit in der gesetzgeberischen Zielsetzung

Das Hauptproblem der geplanten Bankenabgabe liegt in der fehlenden Eindeutigkeit ihres gesetzgeberischen Zwecks. Zum einen wird sie als Ausgleichsleistung für die immensen Haushaltsschäden durch die *gegenwärtige Krise* verstanden – in diesem Zusammenhang sogar als *„Strafsteuer“* bezeichnet –, zum anderen wird sie als eine Art Versicherung zur Abfederung der Folgen *künftiger Krisen* begriffen. Dieses Schwanken zwischen *Ausgleichsmodell* und *Versicherungsmodell* hat natürlich gravierende Folgen für die fehlende Eindeutigkeit ihrer Konstruktion.[72]

Misst man die geplante Bankenabgabe an den *Notwendigkeiten einer krisenpräventiven Finanzmarktregulierung,* wie wir sie in Kapitel 11 skizziert haben, so ergibt sich eine nahezu einhellige Fehlanzeige – „nahezu“, weil eben *ein* für uns als notwendig gehaltenes Element der Krisenprävention Teil der gesamten Neuregelung sein soll, nämlich die Insolvenzfähigkeit „systemrelevanter Banken“.

Soweit jetzt erkennbar, soll diese Regelung der Bankeninsolvenz in Fortentwicklung des im geltenden Insolvenzrecht bereits vorgesehenen *Insolvenzplanverfahrens* erfolgen. Das würde aber bedeuten, dass die insolvenzbetroffenen Banken – vergleichbar dem regelmäßigen Fortbestand insolvenzbetroffener Unternehmen im Insolvenzplanverfahren – ganz oder zumindest in ihrem lebensfähigen Kern fortbestünden, also wohl nicht „im Notfall zerschlagen“ werden könnten: Damit entfällt aber die krisenpräventive Abschreckungswirkung einer drohenden Insolvenz. Darüber hinaus könnte sogar – und dies lässt sich von dem Gesamtkonzept des Gesetzes sagen – die Aussicht auf eine mögliche „Gesundungsinsolvenz“ als letzte Station auf dem Weg unseriöser Spekulationspraktiken eine neue Sorglosigkeit befördern.

Aber unabhängig davon, welcher Zwecksetzung die Bankenabgabe dienen soll: In jedem Fall verfehlt sie ihre Ziele schon deshalb, weil sie jeweils etwa um den Faktor zehn unterdimensionert ist. Unterstellt man das *Ausgleichsmodell* als maßgeblich, so wird in Anbetracht der Haushaltsleistungen zur Bankenrettung von ca. 180 Milliarden Euro deutlich, dass eine Milliarde Euro pro Jahr mehrere Jahrzehnte kontinuierlicher Zahlungen der Banken erforderlich machten, um dieses Geld wieder hereinzubekommen – eine in Anbetracht der dauernden Änderungen auch im Steuerrecht völlig unrealistische Perspektive!

Insofern hätte man von der entsprechenden Regelung in den USA lernen können, wo die 50 größten Banken so lange mit einer offiziell als „*Finanzkrisen-Verantwortungsabgabe*“ bezeichneten Extrasteuer belastet werden sollen, bis im Laufe von zehn Jahren die vollen Kosten des Bankenrettungspakets der Staatskasse wieder zugeflossen sind.

Aber selbst wenn man das (zukunftsgerichtete) *Versicherungsmodell* als maßgeblichen Gesetzeszweck ansieht, verfehlt die Bankenabgabe auch diesen Zweck, zum einen, weil sie auch in dieser Hinsicht hoffnungslos unterdimensioniert ist, zum anderen aber, weil die Abgabe keine krisenpräventive Wirkung entfalten kann: *Die unseriösen Finanzmarktspekulationen – die eigentliche Ursache der gegenwärtigen und voraussichtliche Ursache einer erwartbaren neuen Krise – bleiben weiterhin in gleicher Weise möglich wie bisher.*

Denn: Die Spekulation gegen den Euro im Zusammenhang mit der griechischen Haushaltskrise hat gezeigt, dass die Kasino-Kapitalisten weder bereit sind, auch nur die geringsten Abstriche von ihrer alleinigen Fixierung auf Gewinnmaximierung bei ihrem Investitionsverhalten zu machen, sondern dass sie im Gegenteil sogar ohne jede Skrupel und ohne jede Bindung an elementare Grundsätze einer Orientierung am Gemeinwohl ihr gemeinwohlschädliches Finanzgebahren noch auszuweiten bereit – und in der Lage dazu – sind.

Die Bankenabgabe hat somit keine krisenpräventive Funktion, sie *ist nicht auf die entscheidende Verhinderung des Eintritts einer neuen Krise ausgerichtet. sondern auf die (moderate) finanzielle Abfederung ihrer Folgen.*

Damit wird aber dem *„Versicherungsfall"* eine Art Erwartungsnormalität zugesprochen; die Banken könnten sich schnell zur Erlangung neuer Staatshilfen aus dem „Versicherungsfonds" auf die Leistung ihrer „Versicherungsbeiträge" berufen: Damit hätte die Bankenabgabe nicht nur keine Wirkung einer Krisenprävention, sondern könnte sogar zu einer Senkung der Hemmschwellen für kasinokapitalistisches Verhalten mit Krisenfolge führen.

Dann wäre die Kennzeichnung als *„populistisches Ablenkungsmanöver"* sogar gerechtfertigt. Auch bestünde die Gefahr, dass die Banken ihre Leistungen in den bankeneigenen Einlagensicherungsfonds unter Hinweis auf den Versicherungszweck der Bankenabgabe reduzieren könnten, also eine banken-verantwortete Absicherungsvorsorge zu Lasten staatlicher Vorsorge verringert werden könnte – ein ganz und gar unerwünschter Effekt!

Die Konstruktionsfehler der Bankenabgabe

Unabhängig von der fehlenden Eindeutigkeit des Gesetzeszwecks leidet die geplante Bankenabgabe nach ihrer gegenwärtig erkennbaren Konstruktion unter (mindestens) drei problematischen Tatbestandsmerkmalen:

- *Zum ersten* sollen nur Banken zur Zahlung herangezogen werden, nicht aber Versicherungen, Hedgefonds, Rating-Agenturen und sonstige Finanzmarkt-Akteure. Mögen auch Banken die Hauptverantwortlichen für die gegenwärtige Krise sein, so haben wir doch in Kapitel 7 nachvollziehen können, dass das eigentliche Krisengebräu erst im Zusammenwirken mit Versicherungen und Rating-Agenturen angerührt werden konnte (von denen allerdings nur wenige ihren Sitz oder eine bedeutendere Filiale in Deutschland haben). Zumindest hätte deren Einbezug in den Kreis der Kontributionspflichtigen eine präventive Wirkung entfalten können; außerdem würden auch diese Institute davon profitieren, wenn eine größere Bank gerettet werden würde.
- *Zum zweiten* ist die Bilanzsumme (abzüglich Eigenkapitalhöhe und Höhe der Spareinlagen) als Voraussetzung für das Ausmaß

der Beitragspflicht deshalb problematisch, weil gerade die Großbanken vielfältige Möglichkeiten der Bilanzmanipulation haben. In diesem Punkt ist also ebenso noch absichernde Kleinarbeit erforderlich, wie

- *zum dritten*, die steuerliche Abzugsfähigkeit der Beiträge zum Bankenabgabe-Fonds als Betriebskosten (nach geltendem Körperschaftssteuerrecht) zu unterbinden.
  Nach § 10 des Körperschaftssteuergesetzes sind etwa Strafzahlungen keine absetzbaren Aufwendungen in diesem Sinne – eine Bestimmung, die allerdings wegen des unklaren Gesetzeszwecks nicht anwendbar sein dürfte, zumal die Bankenabgabe nach ihrer Hauptzwecksetzung auch eher dem Versicherungsgedanken zur finanziellen Abpufferung zukünftiger Krisen und nicht einem Strafzweck zugeordnet sein dürfte.
- *Zum vierten* hat die jetzt ins Auge gefasste deutsche Regelung der Bankenabgabe zwar in verschiedenen Punkten Ähnlichkeiten mit den entsprechenden Regelungen anderer Länder, ist aber mangels übernationaler Abstimmung doch von allen anderen verschieden.
  Nun will der EU-Binnenmarktkommissar *Michel Barnier* bis zum Herbst 2010 ein Strategiepapier für einen europäischen Bankenrettungsfonds vorlegen, auf dessen Grundlage dann 2011 ein europäischer Gesetzentwurf ausgearbeitet werden könnte, den auch der Internationale Währungsfonds wegen der grenzüberschreitenden Wirkung von Bankenkrisen für erforderlich hält. Aber auch diese europäische Regelung dürfte keine wirkliche und zur Krisenprävention unerlässliche Beschneidung der schrankenlosen und deshalb ständig missbrauchsgefährdeten Kapitaltransaktions„freiheit“ bringen.

Fazit: Die Bankenabgabe markiert ziemlich genau die Grenzen des realpolitischen Handlungsfreiraums *„der Politik“* und bestätigt damit unsere Skepsis hinsichtlich der Durchsetzungsfähigkeit *„der Politik“* gegen die mächtigen Bankeninteressen.

Dabei würde die Einführung einer Finanztransaktionssteuer anstelle der harmlosen Bankenabgabe gleich mehrere Probleme auf einmal lösen: Zum einen hätte sie eine krisenpräventive Wirkung, zum zweiten würden nicht nur die Banken zur Kasse gebeten, sondern die jeweiligen Transaktionsbeteiligten (womit das wohlfeile Gegenargument relativiert würde, den Banken würde durch die Abgabe in den Bankenabgabefonds Gelder entzogen, die sie dringend für die kredithungrige Wirtschaft bräuchten), und zum dritten würden selbst bei einer Transaktionssteuer von nur einem zehntel oder auch nur einem hundertstel Prozent der jeweiligen Transaktionssumme Gelder in die – im Übermaß geschröpften – öffentlichen Kassen fließen, die in einem realistischen Verhältnis zu den hieraus geleisteten Hilfszahlungen zur Bankenrettung aufgebracht worden sind.

Wenn es aber nach Einschätzung des deutschen Finanzministers *Wolfgang Schäuble* für eine international abgestimmte Finanztransaktionssteuer „im Moment keine realistische Chance" gibt, dann dürfte diese Einschätzung ebenso realistisch wie deprimierend sein.

Immerhin hat nun aber auch die deutsche Bundesregierung – in welch hilfloser Weise auch immer – als regierungsamtliche Grundlage zur Schaffung eines realen Leistungsgesetzes für die Banken den Zusammenhang zwischen Kasino-Kapitalismus (und damit auch einer Verantwortung der Banken) und der Welt-Systemkrise anerkannt.

Das ist jedenfalls besser als gar nichts!

Literaturhinweise

Joachim Bischoff: Jahrhundertkrise des Kapitalismus. Abstieg in die Depression oder Übergang in eine andere Ökonomie?“ Hamburg (VSA) 2009

Roger de Weck: Nach der Krise. Gibt es einen anderen Kapitalismus? 8. Aufl. (Nagel & Kimche) 2009

Hartwig Hummel, Bastian Loges (Hrsg.): Gestaltung(en) der Globalisierung. Festschrift für Ulrich Menzel. Opladen & Farmington Hills, Mich. (Budrich UniPress) 2009

Benoit B. Mandelbrot, Richard L. Hudson: Fraktale und Finanzen: Märkte zwischen Risiko, Rendite und Ruin. 2. Aufl. München (Piper) 2008

Artur P. Schmidt: Endo-Management. Entrepreneurship im Interface des World Wide Web. 2. Aufl. Bern (Paul Haupt) 1999

Hans-Werner Sinn: Kasino-Kapitalismus. Wie es zur Finanzkrise kam, und was jetzt zu tun ist, 2. Aufl. Berlin (Econ) 2009

Botho Strauß: Vom Aufenthalt. München (Hanser) 2009

Anmerkungen

1 SZ-WOCHENENDE, 17./18.10.2009

2 s. Kapitel 5 und 6

3 s. Kapitel 5

4 s. hierzu Kapitel 10

5 s. z. B. *P. Braun*: Long-term persistence and multifractality of river runoff records: Detrended fluctuation studies. In: *Koscielny-Bunde, E. u.a.*, Journal of Hydrologie, Vol. 322, Issues 1-4, May 2006

6 s. hierzu Kapitel 9

7 s. dazu auch FAZ Nr. 146 v. 27.06.2009, S. 23

8 s. hierzu Kapitel 10

9 s. hierzu Kapitel 8

10 eingehender zur Veränderung der Bankenlandschaft vgl. Kapitel 7

11 Näheres zur krisenbedingten Explosion der Staatsverschuldung s. Kapitel 9

12 s. Kapitel 4 und Kapitel 5, Abschnitte 5.2.3 *Systemtheoretisch angezeigte Neuorientierungen im Risikomanagement* und 5.2.4 *Systemtheoretisch angezeigte Konsequenzen für die Abschätzung von Risiken*

13 s. hierzu Kapitel 5, Abschnitt 5.2.2 *Warum ökonomische und sonstige soziale Wechselwirkungen notwendig nichtlinear sind*

14 s. hierzu Kapitel 4 sowie Kapitel 5, Abschnitt 5.2.3 *Systemtheoretisch angezeigte Neuorientierungen im Risikomanagement*

15 s. Kapitel 8

16 In jüngster Zeit konnte durch eine Arbeitsgruppe um *Armin Bunde* (Giessen) darüber hinaus nachgewiesen werden, dass *solche multifraktale Prozesse ein (nichtlineares) Langzeitgedächtnis aufweisen, das die zeitliche Kopplung (und damit die Häufung von Extremereignissen statistisch zu erklären vermag* – s.a. Kapitel 5, Abschnitt 5.2.4 *Systemtheoretisch angezeigte Konsequenzen für die Abschätzung von Risiken.*)

17 vgl. das „Kreislaufmodell" in Kapitel 6

18 s. Literaturhinweise

19 s. dazu http://www.sueddeutsche.de/finanzen/856/485284/text/ vom 24.08.2009

20 Mathematisch stehen für diese Untersuchungen tatsächlich in Gestalt der sog. *Lyapunov-Funktionen* schon seit langer Zeit leistungsfähige Ansätze bereit (die z.B. in der Technik breit genutzt werden). Man untersucht dort häufig *Ruhelagen* (das sind ausgezeichnete Zustände, für die die Zeitableitung des Systems verschwindet). Man kann dann ein quantitatives Mass für die Stabilität einer solchen Ruhelage nach *Lyapunov* explizit ableiten (auf die etwas komplizierten Definitionen stabil oder asymptotisch stabil gehen wir hier nicht ein).

21 Unter diesen Umständen wäre die Anwendung der *Lyapunov*-Methode zur expliziten Stabilitätsanalyse des Systems völlig illusorisch.

22 s. Kapitel 8

23 s. Kapitel 4

24 vgl. Kapitel 9

25 s. *A. Schindler* in http://www.finanzen.net/eurams/essay/Essay_Risikomanagement_881242 vom 01.05.2009

26 *Mandelbrot* spricht in seiner plastischen Sprache von der *„Volatilität der Volatilität"*, in: *Benoit B. Mandelbrot und Richard L. Hudson „Fraktale und Finanzen"*, Piper (2008)

27 Die quadrierte Zufallsgröße steht im *Exponenten* der Exponentialfunktion!

28 s. auch Kapitel I, S. 18

29 *Improved risk estimation in multifractal records: Application in the value at risk in finance*, Physical Review E 80 0261312009, (2009). Den Autoren gelang es, einen analytischen Ausdruck für die *bedingte* Wahrscheinlichkeitsverteilung von *Wiederkehrsintervallen, in denen mindesten ein Ereignis grösser als Q vorkommt,* für multifraktale Zeitreihen abzuleiten. Dabei gestattet die erwähnte Wahrscheinlichkeitsverteilung, die Wahrscheinlichkeit des Auftretens von Ereignissen grösser Q über *t* Zeiteinheiten (Wiederkehrsintervalle) in der Zukunft zu berechnen. Die Autoren konnten nachweisen, dass *die zugehörigen Wahrscheinlichkeitsdichten der Widerkehrsintervalle in überraschend eindeutiger Weise einem (selbstaffinen) power law folgen, wobei der Skalenexponent eine nichtlineare Funktion des gewählten Widerkehrsintervalls ist (multifraktales Verhalten).*

30 vgl. Kapitel II

31 s. Kapitel II

32 vgl. hierzu http://www.ftd.de/finanzen/derivate/:zentrales-clearing-cf-os-gegen-regulierung-auf-derivatemarkt/559231.html vom 28.08.2009

33 nach dem Sozialbericht der Bundesregierung für 2009

34 DER SPIEGEL Nr. 47 vom 16.11.2009, S. 72

35 DER SPIEGEL Nr. 29 vom 13.07.2009, Titel

36 DER SPIEGEL Nr. 29 vom 13.07.2009, S. 44

37 DER SPIEGEL, aaO

38 DER SPIEGEL, aaO, S. 45

39 Die Präsidentenzitate stammen aus dem Aufsatz von *Hartmut Heuermann, Wie viel USA verträgt die Welt? Amerikanische Hegemonie als internationales Problem,* UNIVERSITAS Nr. 730, April 2007, S. 380 und 381.

40 So *Beat Balzli, Michaela Schiessl* und *Thomas Schulz* in ihrem exzellent recherchierten Artikel *„Trio Infernale. Drei Rating-Agenturen haben das Welt-Finanzsystem im Griff: Sie bewerten die Bonität von Firmen, Fonds und sogar von ganzen Staaten. Ausgerechnet dieser Finanz-TÜV ist mit schuld an der globalen Wirtschaftskrise – und das Geschäft boomt schon wieder".* (DER SPIEGEL Nr. 47 vom 16.11.2009, S. 72-78)

41 *„Trio Infernale"*, s. Anmerkung Nr. 40

42 *„Trio Infernale"*, s. Anmerkung Nr. 40, S. 76

43 Eingehendere Informationen finden sich unter der Internetadresse *„verkaufsdruckneindanke.de"* der Dienstleistungsgewerkschaft Ver.di.

44 *Moritz Koch*: Gefundenes Fressen. Treffen sich ein paar Hedgefonds-Manager in New York zum Abendessen: Wie eine Idee geboren wurde, die die Welt erschüttert, Süddeutsche Zeitung vom 11. Mai 2010, S. 3

45 Süddeutsche Zeitung v. 23./24.01.2010, S. 13

46 in: *Hartwig Hummel, Bastian Loges* (Hrsg.), Gestaltung(en) der Globalisierung. Festschrift für Ulrich Menzel. Opladen & Farmington Hills, Mich. 2009, S. 383 ff.

47 zitiert nach *Dieter Meyer, Staatsverschuldung – ein Zinseszins-Teufelskreis,* http://www.staatsverschuldung-online.de vom 26.11.2009

48 Quelle zu 1 bis 3: *Hans-Werner Sinn*, Kasino-Kapitalismus. Wie es zur Finanzkrise kam und was jetzt zu tun ist, 2. Aufl. Berlin 2009, S. 11, 216 mit Hinweis in der Fußnote zu den staatlichen Hilfsmaßnahmen, die bereits vor der Gründung des Bankenrettungsfonds SOFIN als Garantien

und andere staatliche Stüzungsmaßnahmen für die HRE, die IKB und von den Bundesländern für die Rettung der Sachsen LB, der BayernLB und die HSH Nordbank aufgewendet wurden.

49 *Sinn*, aaO, S. 257

50 zitiert nach DER SPIEGEL Nr. 47 v.16.11.2009, S. 28

51 *so Ulrich Schäfer* in der Pfingstausgabe der Süddeutschen Zeitung vom 30./31. Mai/1. Juni 2009, S. 25

52 DER SPIEGEL Nr. 48 vom 23.11.2009, S. 72 ff. – im Folgenden zitiert als *Pauly e.a.* – die jeweils genannen Seitenzahlen beziehen sich auf die Spiegel-Veröffentlichung.

53 *Pauly e.a.*, aaO, S. 75

54 s. im 7. und 8. Kapitel

55 *Pauly e.a.*, aaO, S. 76

56 *Pauly e.a.*, aaO

57 *Pauly e.a.*, aaO, S. 78

58 zitiert nach *Pauly e.a.*, aaO, S. 78

59 Quelle: DER SPIEGEL laut *Pauly e.a.*, aaO, S. 76

60 so *Andreas Oldag* in der Süddeutschen Zeitung vom 8.12.2009, S. 17

61 *Pauly e.a.*, aaO, S. 82

62 *Pauly e.a.*, aaO

63 Süddeutsche Zeitung v. 23./24.01.2001, S. 4

64 *Botho Strauß*: Vom Aufenthalt. *München 2009*

65 wie wir in den Kapiteln über *den eigentlichen Bedrohungsgehalt der Welt-Systemkrise* (Kapitel 4), dem *Banken-Kapitel* 8

und dem Kapitel über den *Verlust der Wirklichkeit* (Kapitel 9) zeigen konnten

66 *R. de Weck, Nach der Krise. Gibt es einen anderen Kapitalismus?* München 2009, S. 40

67 *J. Bischoff,* Jahrhundertkrise des Kapitalismus. Hamburg 2009, S. 27

68 *Sinn,* Kasino-Kapitalismus, S. 311

69 *R. de Weck, Nach der Krise,* aaO, S. 59 f.

70 vgl. Abschnitt 7.7 *Unfähigkeit zur Umkehr*

71 so *Ulric Papendick,* Blenden statt bestrafen, SPIEGEL ONLINE v. 31.03.2010, http://www.spiegel.de/wirtschaft/unternehmen

72 s. hierzu den folgenden Abschnitt *Die Konstruktionsfehler der Bankenabgabe*